Julien R

Nietzsche – der Zeitgemäße

Julien Rochedy

NIETZSCHE ⊗ DER ZEITGEMÄSSE

Einführung in die Philosophie Nietzsches

Aus dem Französischen übersetzt
von Philipp Bender

Mit einem Vorwort von
David Engels

JUNGEUROPA
VERLAG

Inhalt

Vorwort von David Engels **9** | Vorwort des Übersetzers **11** | Hinführung **15** | I. Geboren im Geiste der Musik **22** | II. Die Geburt der Tragödie **27** | III. Ein menschlicher, allzumenschlicher Bruch **34** | IV. Das Leiden wird zum Lehrmeister **39** | V. Morgenröte und Metamorphose **44** | VI. Der Tod Gottes **49** | VII. Die Ewige Wiederkunft **54** | VIII. Zarathustra **58** | IX. Die Wahrheit zwischen Meer und Bergen **62** | X. Die Metaphysik des Willens zur Macht **68** | XI. Ein Moralist **76** | XII. Genealogie der aristokratischen Moral **79** | XIII. Die Sklavenrevolte in der Moral **86** | XIV. Der Antichrist **92** | XV. Verschleierte Vergeltung **97** | XVI. Wer wagt den Triumph? **101** | XVII. Die moralinsaure Korruption **105** | XVIII. Gegen sich selbst gerichtete Grausamkeit **108** | XIX. Idealismus und Vernunft gegen das Leben **113** | XX. Nihilismus und der Mensch ohne Gott **120** | XXI. Der gute Europäer **125** | XXII. Die Dekadenz Europas und der letzte Mensch **132** | XXIII. Revolte gegen den Nihilismus **139** | XXIV. Radikaler Aristokratismus **143** | XXV. Der Weg des Übermenschen **151** | Epilog: Wahnsinn und Größe **164** | Bibliographie **169**

»Wir leben in der Periode,
wo verschiedene Lebensauffassungen
nebeneinanderstehen: deshalb ist die Zeit so lehrreich,
wie selten eine; deshalb so krank, weil sie an
den Übeln aller Richtungen zugleich leidet.«

»Leben – das heißt für uns Alles, was wir sind,
beständig in Licht und Flamme verwandeln.«

FRIEDRICH NIETZSCHE

Vorwort von David Engels

Angesichts der zunehmend um sich greifenden *Cancel Culture* und der immer deutlicher werdenden medialen wie politischen Zensur haben die großen Klassiker des europäischen Denkens einen schweren Stand – natürlich mit Ausnahme der diversen Säulenheiligen des Sozialismus, des Antikolonialismus, des Feminismus und der LGBTIQ-Ideologie. Alles, was den heutigen universalistischen Konsens kritisiert, sei es von links oder rechts, von einem theistischen oder atheistischen Standpunkt aus, wird verunglimpft, mit expliziten Warnungen versehen oder gleich ganz vom Diskurs ausgeschlossen.

Nietzsche ist zweifellos eine der prominentesten dieser Figuren, denn obwohl sein Antichristentum und sein Antinationalismus in den gegenwärtig herrschenden Kreisen durchaus einige oberflächliche Sympathien genießen mögen, machen ihn sein kompromissloser aristokratischer Elitismus und sein radikaler Individualismus letztlich doch hermetisch unzugänglich für alle Versuche der Vereinnahmung durch diejenigen, die er selbst prophetisch als die »letzten Menschen« vorausgeahnt hat. Nietzsche ist also nicht nur ein Denker, der den Kulturpessimismus von Oswald Spenglers *Untergang des Abendlandes* vorweggenommen hat, sondern er liefert uns auch ein wahres Arsenal an Argumenten, um uns zumindest gedanklich von der zunehmend erdrückenden Last einer Selbstgerechtigkeit zu befreien, die von falscher Moral, Ressentiment und autodestruktivem Selbsthass geprägt ist.

Dies ist daher auch sicherlich der wichtigste Beitrag des Buches *Nietzsche – der Zeitgemäße*, das der französische Autor und Essayist

Julien Rochedy vorlegt: In klarer und eindeutiger Weise wird nicht nur Nietzsches Denken organisch nachvollzogen, sondern auch die Bedeutung des geistigen Vaters des (meist systematisch fehlinterpretierten) »Übermenschen« für uns Heutigen aufgezeigt. Rochedys Überlegungen beweisen, dass sich die Rückbesinnung auf das nietzscheanische Denken gerade in jenem Moment der abendländischen Geschichte, an dem wir am weitesten von Nietzsches Hoffnungen entfernt zu sein scheinen, als ganz besonders heilsam erweisen könnte – und dies nicht bloß für das Individuum und seine Entfaltung, sondern auch und vor allem für ein Europa am Rande der kollektiven spirituellen wie physischen Selbstzerstörung.

Mit den besten Wünschen hoffen wir daher, dass das Buch sein intendiertes Zielpublikum erreicht: Eine europäische Jugend, die immer mehr auf der Suche nach geistiger Orientierung und letzter Hoffnung für eine Zukunft ist, die jedoch zunehmend dunkel scheint, und mehr denn je zur Zerschlagung falscher Götzen und zum Gedanken der »Selbstüberwindung des Menschen« herangezogen werden muss.

Konstancin-Jeziorna, Dezember 2021

Vorwort des Übersetzers

Was ist heute, 122 Jahre nach seinem Tod, von Friedrich Nietzsche zu halten? Gibt es noch etwas, das der selbsternannte »Unzeitgemäße« uns Heutigen zu sagen hat? Und ist nicht schon alles – tausendmal und von nahezu jedem – zu und über den Schöpfer des *Zarathustra* gesagt worden? Der Bonner Philosophieprofessor Markus Gabriel spricht Nietzsche gar das Philosophensein ab, denn er selbst habe sich vielmehr als »Narr und Dichter« gesehen.

Womöglich war Nietzsche dies alles zugleich. Unzweifelhaft ragt er jedoch mit seinem Werk aus der Gruppe der deutschen und deutschsprachigen Philosophen des »langen« 19. Jahrhunderts heraus – was mit Blick auf weltweit berühmte Namen wie Fichte, Hegel, Schelling, Feuerbach, Marx und Schopenhauer schwer genug ist.

Viel zu oft muss Nietzsches Œuvre als Steinbruch herhalten, aus dem sich offenbar sämtliche, an sich unvereinbare Ideologien frank und frei die ihnen genehmsten Brocken herausbrechen: Die materialistische Linke jauchzt noch heute über Nietzsches Antiklerikalismus. Nationalsozialisten erregte der Gedanke an die »prachtvolle, nach Beute und Sieg lüstern schweifende blonde Bestie«. Liberale verweisen auf Nietzsches bedingungslosen Individualismus und schließlich berufen sich Trans- und Posthumanisten in ihrem technikoptimistischen Selbstüberwindungsdenken auf Nietzsches »Übermenschen«.

Der Zugang des jungen französischen Autors Julien Rochedy zu Nietzsches Philosophie ist dagegen ein persönlicher, kein interessengetriebener. Gleich zu Beginn von *Nietzsche – der Zeitgemäße* legt der Autor dem Leser offen, wie er als Teenager auf den deutschen

Denker gestoßen ist, der ihn fortan begleitete und seine eigene – philosophische wie politische – Persönlichkeit entscheidend geprägt hat.

Gut zwei Jahre war Julien der Kopf des Front National de la Jeunesse, der Jungendorganisation der Partei Marine Le Pens. Bereits im Jahr 2014 zog er sich jedoch ganz aus dem parteipolitischen Betrieb zurück und kritisiert Le Pens Rassemblement National heute dafür, geistig anspruchsvollen, traditions- und abendlandbewussten Konservativen nichts mehr anbieten zu wollen und in die politische Sackgasse eines kurzatmigen, rein nationalstaatsfixierten Rechtspopulismus geraten zu sein.

Als identitätsbewusster, konservativer Abendländer lebt Julien heute in Südfrankreich und Rom und ist unabhängiger Autor und Unternehmer. Mit seinen Büchern, Essays, Stellungnahmen, Vorträgen und Gesprächen erreicht er in Frankreich ein breites, vor allem jüngeres Publikum und gilt mit seinen 34 Jahren als einer der prominentesten und spannendsten Köpfe der Rechten. Höchste Zeit, den jungen konservativen Denker auch östlich des Rheins bekannt zu machen!

Julien bietet eine knappe, aber prägnante Einführung in die Philosophie Nietzsches, die auf hochtrabendes und akademisierendes Klimbim, abstrakte Wortklauberei und Haarspalterei wohltuend verzichtet. Dabei liest er Nietzsche aus der Sicht eines im Hier und Jetzt lebenden jungen Mannes, so wie es der Meister selbst gewollt hat. In einem nachgelassenen Fragment von 1885 heißt es: »Meine ›*unzeitgemäßen* Betrachtungen‹ richtete ich als junger Mensch an junge Menschen, welchen ich von meinen Erlebnissen und Gelöbnissen sprach [...].«

Nietzsche lebt weiter als Querdenker im edelsten Sinne des Wortes und als Anti-Mainstream-Rebell, dem unkritische Schafe in der trottelig-artigen Herde stets ein Groll waren. In einem Brief vom Dezember 1874 schreibt er:

»Darauf nämlich kommt es an, wirklich *glauben* zu können, daß man mehr Recht hat mit seinen *unzeitgemäßen* Meinungen als die ganze Zeit mit ihren zeitgemäßen: da steckt das Hochmüthige, von dem ich sprach, da aber auch das Bescheidene. Denn es ist gar kein Verdienst dabei von einer grünen Thür zu sagen sie sei grün und von der Wahrheit, sie sei wahr.«

Damit ist Friedrich Nietzsche, vielleicht heute mehr denn je zuvor, ein zeitgemäßer Unzeitgemäßer – oder ein unzeitgemäßer Zeitgemäßer?

Es war mir jedenfalls eine Freude, das Buch meines Freundes Julien aus dem Französischen in die Sprache Nietzsches zu übersetzen. Nach seinem ursprünglichen Erscheinen in Frankreich im Juni 2020 ist es schnell zu einem Erfolg geworden, gerade unter jüngeren Lesern. Im Februar 2021 legte Julien mit einem YouTube-Vortrag nach, in dem er sich durchaus kritisch mit den Standpunkten Nietzsches in Fragen des Glaubens, der Religion und Kirche auseinandersetzt. Leider liegt dieser Diskurs bislang nur in französischer Sprache vor. Dem frankophilen und polyglotten Leser in Deutschland sei der Beitrag »Dieu ou Nietzsche« (Gott oder Nietzsche) jedoch mit Nachdruck empfohlen.

Für die Übersetzung ins Deutsche hat mir Julien einige »Beinfreiheit« eingeräumt, die ich jedoch nicht dazu genutzt habe, mich inhaltlich vom französischen Original zu entfernen. An manchen Stellen habe ich die Originalzitate aus Nietzsches Werk herausgesucht, wo die französische Fassung eher mit indirekten Zitaten arbeitet oder Kernaussagen in Juliens eigenen Worten wiedergibt. Nennt der Autor meist nur die Nachnamen von Personen, etwa anderer Philosophen oder Künstler, habe ich die Vornamen ergänzt – auch weil der deutsche Leser vielleicht nicht mit allen genannten Persönlichkeiten aus Frankreich auf Anhieb etwas anzufangen weiß. In die deutsche Fassung finden auch Ergänzungen und Präzisierungen Eingang, die Julien selbst an seinem ursprünglichen Text in der Zwischenzeit vorgenommen hat. Die vorliegende deutsche Ausgabe ist also auch inhaltlich aktuell.

Ich wünsche dem Büchlein *Nietzsche – der Zeitgemäße* auch in Deutschland breite Resonanz und eine aufgeschlossene Leserschaft, die – an die Hand genommen von Julien Rochedy – den großen Philosophen Nietzsche entweder erstmalig für sich entdeckt oder aber wiederentdecken kann.

Philipp Bender
Bonn, Februar 2022

Hinführung

»Was wäre, wenn die Mehrzahl unserer Werte, die man uns seit frühester Kindheit eintrichtert und die uns dazu verpflichten sollen, Toleranz, Nächstenliebe, Freundlichkeit, Weltoffenheit, Demokratie, Menschlichkeit, die Schwachen und Unterdrückten, Gewaltlosigkeit, die Gleichheit und den Fortschritt zu verehren und in diesen Werten und Erscheinungen stets die Wahrheit und das Glück zu erblicken, in Wirklichkeit nichts anderes sind, als üble Ausgeburten der Dekadenz und deutliche Anzeichen eines abgründigen Nihilismus, der frechsten Lüge und des gefährlichsten Hasses?«

So lautet der zugegebenermaßen provokante Einstieg, mit dem ich im September 2019 einen gut dreistündigen Vortrag über das Leben und die Philosophie Friedrich Nietzsches begann. Dieses Referat ist das Ergebnis eines Vorsatzes, den ich bereits vor einigen Jahren gefasst hatte: Eine pointierte Zusammenfassung, Einordnung und Verbreitung einer Philosophie zu unternehmen, die unerlässlich ist für alle, die unsere oft als »hyperkomplex« beschworene Gegenwart (besser) verstehen wollen. Der Denker Nietzsche selbst verstand sich bereits Ende des 19. Jahrhunderts als geistigen Sprengstoff, aber noch heute braucht es den Intellekt und die Hände, die in einem Anflug von wohltemperierter Zerstörungswut darangehen, die dazugehörige Lunte zu entzünden.

Mein Vortrag war ein Überraschungserfolg, und zwar sowohl mit Blick auf die Zuschauerzahlen als auch aus der Sicht meiner Kritiker;[1] nicht zuletzt, weil mein Beitrag es mehreren Hunderttausen-

1 Man findet den Vortrag auf YouTube, wo er bereits mehr als 1 Millionen Mal angesehen wurde.

den von Menschen ermöglichte, den legendenumwobenen Verfasser von *Also sprach Zarathustra* und anderen Meisterwerken zu entdecken und seine Gedanken kennenzulernen. Meine Zuschauer können nun über Nietzsche diskutieren und, falls sie ihn selbst schon gelesen haben, ihr Leseverständnis mit meinem vergleichen. Wir sollten vor allem über das reden, was mir schon in meinem Onlinevortrag besonders wichtig war, nämlich die Bezugnahme und Verbindung der Philosophie Nietzsches zur gegenwärtigen Gesellschaft und ihrer »postmodern« genannten Auswüchse.

Selbst meine notorischen Widersacher wussten darauf nicht viel zu entgegen. Diejenigen, die stets hinter jeder Ecke auf alle möglichen Schwachpunkte meines Vortrags lauern, also auf vermeintlich fehlgeleitete Interpretationen, eine wackelige Pseudo-Gelehrsamkeit oder interessengelenkte Hermeneutik, müssen – wenn sie mir widersprechen wollen – schließlich Nietzsche selbst widersprechen. Denn ich habe nichts anderes getan, als nach eingehender Lektüre *mit den Augen* Nietzsches die allgegenwärtigen sozialen und – vor allem – ideologischen Phänomene zu betrachten. Es war dabei nicht schwer, den Triumph des *letzten Menschen* mit all seiner *Dekadenz* und seinem *Nihilismus* auszumachen, den uns die gläubigen Fortschrittsjünger als den ganzen Stolz, die Zier und evolutive Krone des Menschengeschlechts verkaufen wollen.

Sowohl mit meinem Onlinevortrag als auch mit dem vorliegenden Buch hoffe ich, eine zugängliche und gut verständliche, aber auch authentische, unverfälschte Einführung in Nietzsches Philosophie zu geben. Sein Denken ist uns dabei behilflich, das Weltgeschehen der Gegenwart besser verstehen zu können und uns, nicht zuletzt, als Persönlichkeiten weiterzuentwickeln. Für mich persönlich war Friedrich Nietzsche immer so etwas wie ein alter Lehrmeister, jedoch nicht von der abgeschmackten Sorte eines trockenen Schulmeisters mit seiner reinen, aber abstrakten Gedankenwelt, sondern ein wahrhafter Tutor für die konkrete, alltägliche Lebensführung – ein Lehrer für das Leben, dessen Aktualität für mich noch immer von explosiver, umwerfender Kraft ist.

Zu Beginn möchte ich davon erzählen, wie ich selbst Friedrich Nietzsche entdeckt habe.

Im Alter von vierzehn Jahren ging ich – wie so viele gleichaltrige Jungen – durch die große Krise des Erwachsenwerdens. Meine pubertäre Krise allerdings war heftig, ja ungestüm und gewalttätig, und jedenfalls so krass, dass ich am Ende der achten Klasse von meiner Schule geflogen bin. Damals war ich Schüler eines ländlich-katholischen Collèges im südostfranzösischen Département Ardèche und diese Einrichtung war bekannt dafür, sehr (struktur-)konservativ und noch viel sittsamer, vermeintlich »bürgerlicher« zu sein.

Ich selbst bin kein Kind der Bourgeoisie und habe mich auch niemals als solches empfunden. Meine Eltern sind geschieden und kommen nicht gerade aus einer wohlbetuchten Gesellschaftsschicht. In der Schule fühlte ich mich, als würde ich nicht recht dazugehören, und dieses Gefühl gaben mir die anderen Kinder nur allzu oft und gerne. Rückblickend verwundert es kaum, dass ich als Teenager zu einem Rebell gegen jegliche Form von Autorität werden musste und das gutmeinende, im Grunde aber paternalistische »Wohlwollen« meines schulischen Umfelds zunehmend aggressiven Widerstand in mir auslöste. Die Kirche und die dortigen Besuche waren mir zur damaligen Zeit Horrortrips der Langeweile und ich hasste die »gute Gesellschaft« und ihre Regeln und Werte sowie die ganze ätzende Heuchelei, die diese Gruppe von Menschen auszumachen schien.

Unter diesen Umständen, als Heranwachsender mit viel pubertärer Wut im Bauch, bin ich im Sommer 2002 zufällig in einer öffentlichen Bücherei nahe der Atlantikküste, während eines Ausflugs ins Département Charente-Maritime, auf ein kleines Buch gestoßen, dessen fremdartiger Autor einen für mich unaussprechlichen Namen hatte. Das Büchlein zog auf den ersten Blick meine umherschweifende Aufmerksamkeit auf sich, weil es Fragen der Moral, des Moralischen, der Moralität und des Moralismus zu behandeln schien, was mich jedoch zunächst beinahe wieder mit all seiner Komplexität abschreckte. Dennoch nahm ich das Buch zur Hand, und las – noch in der Bücherei sitzend – die erste Abhandlung mit fiebrigem Interesse. Das Buch trug den Titel *Zur Genealogie der Moral*. Natürlich verstand ich beim ersten Lesen und zumal in meinem jugendlichen Alter freilich nicht alles, was der Autor mir mitteilen wollte. Aber ich erinnere mich gut daran, wie ich triumphierend und fast zitternd in Gelächter ausbrach, als ich zu seiner »schrecklichen« Conclusio gelangt war.

Als Jugendlicher hatte ich von Nietzsche nur diese eine Abhandlung gelesen, aber von diesem Moment an fühlte ich mich, wie in eine andere geistige Dimension katapultiert. Es war wie ein Erweckungserlebnis: Von da an war es mir schlichtweg nicht mehr möglich, die Welt, das heißt meine Umgebung durch die »alte« Brille zu betrachten, sozusagen durch die Vor-Nietzsche-Brille. Die Schilderung dieser Entdeckung mag vielleicht pathetisch und stilisierend klingen, doch es war ohne Zweifel eines der bedeutsamsten Ereignisse meines bisherigen jungen Lebens.

Seit dieser Zeit habe ich selbstredend über den Tellerrand hinausgeschaut und versuchte oftmals ganz bewusst, meinen ursprünglichen, womöglich hier und da naiv-anhänglichen »Nietzscheismus« zu hinterfragen. Schließlich wollte ich bloß kein »Mann eines einzigen Buches« (*homo unius libri*) sein, vor dem uns schon der alte Thomas von Aquin mit Recht gewarnt hatte. In einigen Punkten habe ich hinter Nietzsches Denken ein Fragezeichen setzen müssen, dennoch muss ich zugeben, dass ich im Großen und Ganzen immer wieder zu meinem Meister zurückgekehrt bin. Niemals wirklich fand ich fundamentale oder auch nur bedeutsame Widersprüche und Widerlegungen zu ihm und seinem Werk. Im Gegenteil: Die Lebenserfahrung, das Leben selbst und auch (natur-)wissenschaftliche Entdeckungen seit dem 20. Jahrhundert bestätigen überwiegend Nietzsches beinahe visionären Eingebungen und Vorhersagen.

Deshalb bin ich nach wie vor absolut überzeugt davon, dass die Philosophie Nietzsches von unausweichlicher Bedeutung im Hier und Jetzt ist. Ohne Nietzsche werden wir kaum verstehen können, was sich derzeit in der westlichen Zivilisation im Zeitalter der sogenannten Postmoderne – oder Post-Postmoderne? – vor unser aller Augen abspielt. Ohne sein feines Gespür dafür, die Schatten und Hintergedanken, die sich hinter der Moral und ihren zuckrigen Ausflüssen verstecken, aufzuspießen und ans Licht zu zerren, kommen wir nicht weiter. Nietzsche hilft uns dabei, die wahre Motivation derjenigen verlogenen Zeitgenossen zu verstehen, die ihr großes Herz mit der linken Hand demonstrativ zur Schau tragen, um dich mit dem Messer in der rechten leichter abstechen zu können. Mit ihm erkennen wir die mächtigen Trutzburgen und verborgenen

Fallstricke des Nihilismus, die unsere Zivilisation heute in den scheinbar unausweichlichen Ruin führen. Wir erleben gegenwärtig die Blütezeit – oder besser: den Gipfelpunkt – der Verwicklungen, die Nietzsche Ende des 19. Jahrhunderts bereits erahnte und vorhersah: Die Welt des Gutmenschentums mit seiner säuerlichen Moral und weinerlichen »Humanität«; das Dauer-Abonnement gewisser Menschengruppen auf die *a priori* unhinterfragbare Opferrolle und das Schindluder, das laufend damit getrieben wird; die Welt der »Postfeminist*innen« oder »Feminist*innen 2.0.« und der *woken Social Justice Warriors*; zunehmend aggressive Minderheiten, die selbst nichts anderes wollen, als endlich an die politische Macht und ihre reichhaltigen Fleischtöpfe zu kommen; die postmodernen, satten »Menschen des Westens« – mit ihren kleinen, verpfuschten Leben, so angepasst und durchschnittlich wie nur irgend möglich –, die zu nichts weiter in der Lage sind, als alle diejenigen Errungenschaften und Eigenschaften des Abendlandes, seiner Völker und Menschen, die großartig und vital-gesund waren, in einer Herde von gleichgemachten Schafen verschwinden zu lassen. Das ist die Welt, in der wir Europäer heute zu leben haben.

Wollen wir nicht so wie die jämmerlichen Schlafschafe in der tumben Herde sein und bleiben, dann haben wir anderen in dieser Welt noch eine Chance: Nietzsche gibt uns die Schlüssel in die Hand, um unser Umfeld zu verstehen und uns auf den bevorstehenden Kampf vorzubereiten. Wenn wir uns mit dem Mob treiben lassen, wird er uns in die absolute, nicht wiedergutzumachende Katastrophe hineinziehen. Dann ist der Sturz in den steilen Abgrund, den wir in der Masse nicht frühzeitig wahrnehmen können, unvermeidlich.

Die Philosophie Nietzsches zu kennen und zu verstehen, das heißt, der Gesellschaft, in der wir leben, mutig ins Antlitz zu schauen und sich nicht mehr von ihren hochtrabenden Reden blenden zu lassen. Der Kenner Nietzsches ist nicht mehr durch die allgegenwärtigen Lügen zu täuschen und lässt sich nicht länger ausbeuten. Das bedeutet jedoch ebenso, unseren *eigenen* Lügen und Ausflüchten die Stirn zu bieten, derer wir uns noch zu häufig bedienen; sei es aus Faulheit, Schwäche oder Kränklichkeit. Der unübersehbare Nihilismus dringt in unsere Herzen ein, so wie er bereits die Gesellschaft durchseucht hat, die uns alltäglich umgibt. Nietzscheaner zu sein, heißt, der finsteren, halbverwesten Medusa fest in ihre noch immer todbringenden Augen zu starren.

In dieser Einführung in Nietzsches Philosophie mache ich einige biographische Anmerkungen über das Leben des Philosophen, um seine Persönlichkeit und die wichtigsten Entwicklungen in seinem Leben einordnen zu können. Nicht zuletzt entlang seines Lebensweges können wir uns bereits mit einigen seiner größten Ideen vertraut machen und verstehen die Genese und Abfolge von Nietzsches bedeutsamsten Werken. Daran anschließend, lenken wir den Blick auf solche Bestandteile seiner Philosophie, die für das Verständnis unserer Epoche am hilfreichsten sind. Schließlich haben wir die Möglichkeit, auf den Wegen, auf denen uns Nietzsche vorangegangen ist, den Nihilismus unserer Zeit zu erkennen, uns seiner bewusst zu werden und zu bleiben.

Mein vergleichsweise knappes Buch hat seinen grundlegenden Zweck dann erfüllt, wenn es diejenigen Leser, die Nietzsches Denken bisher noch nicht kennengelernt haben, genauso entflammt und zum Weiterlesen animiert, wie mich die Entdeckung von

Zur Genealogie der Moral in jungen Jahren begeistert hat. Die (Semi-) Kenner von Nietzsches Schriften wiederum sollen Lust bekommen, den großen Denker erneut zu lesen, zu vertiefen oder ihre Interpretation und vor allem ihre praktische Anwendung mit meinem Fingerzeig abzugleichen, so wie im Folgenden dargelegt. Es ist mir darüber hinaus ein großes Anliegen, ein gereifteres Verständnis für die psychologischen Mechanismen und Hintergründe unserer postmodernen Gesellschaft zu schaffen. Wir werden sehen: Nietzsche begnügt sich nicht bloß damit, uns diese Gegebenheiten abstrakt verstehen zu lassen, sondern er ist ohne Zweifel auch unser bester Mitstreiter, um diese Gesellschaft erfolgreich zu untergraben.

I. Geboren im Geiste der Musik

Friedrich Nietzsche wird am 15. Oktober 1844 im beschaulichen sächsischen Örtchen Röcken, in der Nähe von Leipzig, geboren. Er wird in das großartige, sogenannte lange 19. Jahrhundert hineingeboren, das mit Recht als goldenes Zeitalter der deutschen Philosophie angesehen wird. Dieses Jahrhundert schenkte der Menschheit einige der wohl bedeutsamsten und einflussreichsten Denker, wie etwa Georg Wilhelm Friedrich Hegel, Johann Gottlieb Fichte, Arthur Schopenhauer, Friedrich Wilhelm Joseph Schelling – oder auch Karl Marx.

Der junge Nietzsche wächst in einer streng religiösen und tiefgläubigen Familie auf. Sein Vater ist protestantischer Pastor, ebenso wie seine beiden Großväter. Der Familienname *Nietzsche* ist – wie man unschwer hören kann – polnischen Ursprungs. Als Erwachsener wird sich Friedrich Nietzsche oftmals mit zur Schau gestelltem Stolz auf diese (Namens-)Herkunft berufen, insbesondere anlässlich der zahlreichen Gelegenheiten, bei denen er die Deutschen und ihr spezifisches, bräsiges »Deutschtum« scharf attackiert.

Da »das Kind der Vater des Mannes« ist, wie der englische Dichter William Wordsworth einst schrieb, sind aus Nietzsches jungen Jahren zwei Begebenheiten für uns von besonderem Interesse.

Zunächst sollte erwähnt sein, dass Jung-Friedrich ein brillanter Student der Altphilologie und des Hellenismus ist. Früh gilt er als hochintelligent und begabt im Umgang mit den alten Sprachen und schon im Alter von 25 Jahren beruft man ihn als Lehrstuhlinhaber an die Universität Basel – eine bereits in der damaligen Zeit absolute Seltenheit. Dabei stört es die Universität erstaunlicherweise nicht, dass Nietzsche zu diesem Zeitpunkt noch nicht einmal seine Doktorarbeit als Qualifikationsschrift abgeschlossen hat. In einem jungen Alter, in welchem jeder andere noch Student ist, ist Nietzsche bereits (außerordentlicher) Professor. Völlig verdient, wie sein Lehrmeister und Förderer Friedrich Wilhelm Ritschl achselzuckend befindet; er sei eben »ein Genie«.

Die Antrittsvorlesung in Basel trägt den Titel *Über die Persönlichkeit Homers* (1869). Diesem Dichter der griechischen Hochantike verdankt die europäische Kultur Werke wie die *Ilias* und die *Odyssee*, also zwei historisch-mythologische Epen an der Wiege der antiken europäischen Geschichte. Der Vortrag löst bei dem universitären Publikum lebhafte Begeisterung aus. Bereits hier schimmert der spätere Nietzsche im jungen Friedrich durch, denn statt über das eigentliche Œuvre des antiken Poeten, sinniert der blutjunge Professor lieber über die schöpferische Persönlichkeit – das *Wer* erscheint bedeutsamer als das *Was*, also der eigentliche Inhalt. In seiner Antrittsrede zeigt Nietzsche sein ihm eingegebenes Können als Psychologe, das sich später in seinen Arbeiten mit Brillanz weiter manifestieren soll.

Ein zweiter Aspekt, den man mit Blick auf den ersten Lebensabschnitt und die weitere Entwicklung des Philosophen festhalten sollte – auch wenn er weniger bekannt sein dürfte –, ist, dass Friedrich ein gesunder, kräftiger und energischer junger Mann ist. Als Freiwilliger leistet er gegen Ende seines Studiums im Jahre 1867 einen einjährigen Wehrdienst in der preußischen Artillerie und gilt dort als geschätzter und verlässlicher Kamerad. Diese Vorstellung vom jungen Nietzsche als starkem Mann und gutem Soldaten ist deshalb von einer gewissen Bedeutung, weil in der allgemeinen Erinnerung und Rezeption das Bild des älteren Nietzsches als kranker, verwirrter und hilfsbedürftiger Solitär dominiert. Dieser Verfallszustand prägte aber nicht sein ganzes Leben. Unglücklicherweise wird Nietzsche kurze Zeit später Opfer eines heftigen Reitunfalls, der ihn fünf Monate ans Bett fesselt. Man kann sagen, er springt mit seiner Genesung dem Tod knapp von der Schippe, denn bei dem Sturz zieht er sich eine schwere Brustverletzung zu, die für eine schwächlichere Konstitution tödlich hätte verlaufen können.

Während des Deutsch-Französischen Krieges von 1870/71, in dem insbesondere Kaiser Napoleon III. von Frankreich und der preußische Ministerpräsident und spätere Reichskanzler Otto von Bismarck aneinandergeraten, versucht Nietzsche, der zu dieser Zeit noch flammender deutscher Patriot ist, erneut in den Militärdienst einzutreten und an den Kämpfen teilzunehmen. Die schweizerische Universität, der Nietzsche ja bereits seit kurzer Zeit als Lehrstuhlinhaber verpflichtet ist, hindert ihn jedoch an diesem Vorhaben und verweist entschieden darauf, dass die Schweiz in der kriegerischen Auseinandersetzung neutral zu bleiben habe. Dies gelte auch für Hochschulprofessoren als »schweizerische« Personen des öffentlichen Lebens. Seine Dienstherrin erlaubt Nietzsche schließlich lediglich, als Soldat in einer nicht-kämpfenden Einheit mitzuwirken. Mit dem Älterwerden wird er seine jugendliche Heißblütigkeit und Kriegsbegeisterung bereuen. Jedoch nicht, weil er sich mit den Jahren zum Pazifisten wandelt, sondern weil ihm sein früherer Nationalismus zunehmend fremd wird. Nietzsche überwindet den deutschen Patriotismus aus dem Wunsch heraus, ein geeinigtes Europa entstehen zu sehen.[2]

Nach dem Krieg kehrt Nietzsche an die Universität Basel zurück. Die Stadt Desiderius Erasmus' gilt in dieser Epoche als Geisteszentrum der klassischen und humanistischen Kultur Europas. Der junge Professor findet schnell Eingang in die »gute Gesellschaft« der Stadt und verkehrt mit ihrer intellektuellen Elite. In ihren Kreisen kommt es zu der außergewöhnlichen und tiefprägenden Bekanntschaft mit Richard Wagner, dem gefeierten und originellen deutschen Komponisten, der sich oft in Luzern aufhält und Basel regelmäßig einen Besuch abstattet.

Die Gespräche und Diskussionen zwischen Nietzsche und Wagner, wohl zwei der größten Genies, die die Welt jemals gesehen hat, sind uns leider nicht überliefert. Aber wir können sie uns nicht

2 Es ist müßig zu erwähnen, dass das vereinte Europa, das Nietzsche vorschwebt, so gut wie nichts gemein hat mit dem grotesken und ohnmächtigen supranationalen Gebilde, welches wir heute »Europäische Union« (EU) nennen.

fantastisch genug ausmalen. Der junge Nietzsche ist Wagner im Geiste ganz verfallen, was nicht weiter verwundern kann: Wagner ist bereits zu dieser Zeit stets umgeben von einem verehrenden Hofstaat aus Anhängern und Jüngern, die um den Komponisten einen regelrechten Zirkus veranstalten. Wagner selbst, in seinem überschäumenden Selbstbewusstsein, erwartet von den Menschen seiner Umgebung nicht bloß Zuneigung und Loyalität, sondern einen *Glauben* an ihn und sein Werk. Der Wagnerkreis ist einem religiösen Kult nicht unähnlich; einem Kult, der ganz der Anbetung der künstlerisch-genialen Schöpfung verschrieben ist. Seinem französischen »Fan« Edouard Schuré gegenüber erklärt Wagner unverblümt, dass er als Künstler in der Tat wahrhaftig verehrt werden möchte, weil nichts und niemand über dem schöpferischen Geist des Künstlers und seiner genialen Schaffenskraft stehe. Die Persönlichkeit Wagners entspricht passgenau demjenigen Ideal, welches sich Nietzsche für die Kunst und ihren Schöpfer vorstellt. Der junge Dozent ist derart in den Bann gezogen, dass er seine Professur in Basel zeitweise ruhen lässt, damit er sich einer »Werbe-Tour« anschließen kann, die durch Deutschland und ganz Europa tingelt, um den Verfasser des *Tristan* und der *Meistersinger von Nürnberg* noch bekannter zu machen und sogar »Fundraising« zu betreiben, wie man wohl heute sagen würde.

Unter diesen Umständen erscheint im Jahr 1872 das erste Buch des 27-jährigen Nietzsche, das er dem Genie Wagners widmet: *Die Geburt der Tragödie aus dem Geiste der Musik*.

II. Die Geburt der Tragödie

Um die Faszination für Wagner richtig zu verstehen, die auf seine Anhänger und insbesondere auf Nietzsche stark gewirkt hat, müssen wir uns geistig in ihr Jahrhundert zurückversetzen und versuchen, Auffassungen und Vorstellungen nachzuvollziehen, die uns Heutigen – gelinde gesagt – schwärmerisch, kindisch-anhänglich, vielleicht sogar putzig erscheinen.

Im Deutschland des 19. Jahrhunderts erwarten viele Höhergesinnten eine »hellenistische Wiederauferstehung«. Man ersehnt eine Rückkehr in die angebliche Reinheit und Authentizität der Antike, als deren attraktive Wesensmerkmale klassische griechische Schönheit und das Absolute als faustisches Ideal gelten. Diese Sehnsucht nach der Antike prägte zunächst die Philosophie, aber vor allem auch die Kunst. Anknüpfend an das lange zurückliegende Zeitalter der Renaissance, erscheint den deutschen Intellektuellen die Antike als etwas Ehrwürdiges, als eine Art verlorenes Paradies – eben ein quasiperfekter Moment in der Evolution menschlichen Daseins. Hegel etwa spricht mit Blick auf das klassisch-griechische Momentum und die altgriechische (vermeintliche) Sittlichkeit vom »wahren Geist« und bezieht sich hierauf im Absoluten.

Die Zeitgenossen Wagners teilen diese Ideen und seine Jünger erblicken in den grandiosen Opern ihres Meisters die reelle Möglichkeit einer Rückkehr des antiken Ideals. Nietzsche, der selbst Hellenist ist, also ein Fachmann für die altgriechische Welt, erwartet von Wagner, dass er eine unlösliche Verbindung schmiedet zwischen dem Genius des modernen Deutschen und den griechischen Quellen der klassischen Antike. Aus einer solchen Legierung könne eine erneute Renaissance erwachsen, so erhofft es auch Nietzsche.[3]

Nachdem er sich länger mit diesen Vorstellungen herumgetragen hat, entscheidet sich Nietzsche, sein erstes Buch zu schreiben. *Die Geburt der Tragödie aus dem Geiste der Musik* arbeitet eine These heraus, die die akademische Welt in Staunen versetzt. Die Grundfrage, die sich Nietzsche stellt, lautet: Woher nahmen die alten Griechen ihre Kunst und woraus schöpften sie den Stoff für ihre Tragödien? Diese Fragestellung ist zum Zeitpunkt des Erscheinens des Werks eine Sensation. Bisher hatte man gemeinhin angenommen, geschult durch den berühmten Kunsthistoriker und Archäologen Johann Joachim Winckelmann, dass die unvergleichliche Schönheit der antiken Kunstwerke die Seelen ihrer Schöpfer widerspiegelte. Diese Seelen der antiken Menschen seien in perfekter Harmonie gewesen; von einer außerordentlichen Gelassenheit und majestätischen Reinheit. Um einen selbstredend fiktiven, aber populären Vergleich zu bemühen, könnte man sagen, die Gebildeten des 19. Jahrhunderts imaginieren sich die alten Griechen wie die Elben aus dem fantastischen Universum John R. R. Tolkiens: Besonnen, hochintelligent, gütig, raffiniert, voller verzückender Noblesse und badend in hieratischer

---

3 Heute verwundert es uns, wie Europäer, die vor uns Gegenwärtigen gar nicht so weit in der Geschichte entfernt lebten, solche fantastisch anmutenden Leidenschaften entwickeln konnten. Die Antike bedeutet uns aktuell nicht mehr allzu viel; Latein und Griechisch werden so gut wie nicht mehr unterrichtet in unseren höheren Schulen und wir kennen kaum die Geschichte der antiken Menschen. Trotz allem bleiben die Griechen und Römer die unerschöpfliche Quelle, aus der die europäische Zivilisation wiedergeboren werden und erstrahlen soll. Wie die Philologin Jacqueline de Romilly schreibt, müssen sich alle Liebhaber der Schönheit, des Lebens und der Menschheit eines Tages für Hellas und seine lateinischen Nachahmer aus dem Westen interessieren.

Schönheit. Man denkt sich die antiken Hellenen so, wie ihre überlieferten Statuen, nämlich imposant und in blütenreinem Weiß.[4]

Diesen reinheitsorientierten und noblen Stil der griechischen Kunst, von dem man annimmt, dass er authentisch die klassische Lebensart zum Ausdruck bringe, nennt Nietzsche »apollonisch« – nach dem Gott Apollon. Dieser stammte der Mythologie zufolge aus dem Norden und war als Lichtgott von majestätischer Schönheit. Nietzsche jedoch greift dabei das verbreitete Vorurteil an, wonach im Apollonischen der Ursprung der künstlerischen Meisterleistungen der Antike zu suchen sei. Im Gegenteil versucht er zu beweisen, dass es eher die dionysische Kultur gewesen ist, aus der die Hellenen ihre Inspiration gewannen. Dionysos war der Gott der Leidenschaften, des Weins, Feierns und ausschweifenden Exzesses.

»Die Griechen sind viel älter als man denkt. Von Frühling mag man reden, wenn man vor den Frühling noch den Winter setzt: aber vom Himmel gefallen ist diese Welt der Reinheit und Schönheit nicht«, so schreibt der junge Nietzsche an seinen Freund Erwin Rohde. Er geht vielmehr davon aus, »[d]aß ein ungeheures, wildes Ringen, aus finsterer Rohheit und Grausamkeit heraus, vorhergeht, daß Homer als Sieger am Schluß dieser langen trostlosen Periode steht«. Nietzsche bekräftigt, dies »ist mir eine meiner sichersten Überzeugungen«. Er kommt zu dem Schluss: »Wieviel hat dieses Volk [die alten Griechen, J. R.] erleiden müssen, um solch ein Künstler zu werden!«

Unter Hellenismus-Forschern gilt die Dionysos-Kultur-These

4 Wir wissen heute, dass zunächst die griechischen und später die römischen Statuen meisterhaft in den lebendigsten Farben bemalt waren. Winckelmann und seine Zeitgenossen hatten dies noch nicht herausgefunden.

schnell als revolutionär. Sie trägt einen subversiven Gedanken in sich. Nietzsche sagt, es sei gerade nicht einer gemäßigten, ausgeglichenen, disziplinierten Kultur voller Optimismus zu verdanken, dass wir noch heute ihre einzigartigen Schöpfungen bewundern dürfen, sondern dass diese Wunderwerke aus den Händen von gequälten, undurchsichtigen, aber auch sinnenfreudigen Naturen stammen. Die vielgerühmte altgriechische Weisheit selbst entdeckt Nietzsche im Schatten eines mächtigen Pessimismus, wie ihn nur turbulente Leben – mit Höhen, aber vor allem mit Tiefen – ausprägen.

Diese Auffassung von der Geschichte der alten Griechen greift Nietzsche später in *Also sprach Zarathustra* auf, wenn er schreibt: »Muthig, unbekümmert, spöttisch, gewaltthätig [sic!] – so will uns die Weisheit.« Die Griechen (und hier insbesondere die Athener, die besten unter ihnen) waren gemäß Nietzsche die wohl liederlichsten, gotteslästerlichsten Draufgänger im Mittelmeerraum. Sie waren Piraten, brutale Krieger, raffgierige Krämer, ohne Glaube und Gesetz. Verglichen mit den uns überlieferten Moralvorstellungen aus dem Christentum und dem Humanismus, scheinen die heroische Gesellschaft, wie sie uns Homer besingt, und die klassischen Griechen von Handlungen, Prinzipien und Merkwürdigkeiten geprägt gewesen zu sein, von denen eine »unmoralischer« war als die andere. Geschichten, Mythen und Legenden beschreiben uns die Griechen so kriegslüstern wie nur möglich, oftmals grausam und notorisch verlogen, stolz, hedonistisch und auch gerne hier und da über beide Ohren korrupt.

Tatsächlich auffällig an den klassischen Erzählungen ist nicht so sehr das häufige Vorkommen dessen, was wir heute als Laster und Verrücktheit empfinden – welche Epoche wäre davon schon verschont geblieben? –, sondern der Umstand, dass ebendiese uralten Lasterhaftigkeiten und Dummheiten das Ansehen ihrer Träger und Urheber nie wirklich beflecken, sondern zuweilen gar noch steigern. Findet man im alten Griechenland auch nur einen einzigen Helden, eine große Persönlichkeit, die es würdig wäre, makellose Tugendhaftigkeit zu verkörpern? Oder noch besser: die *Heiligkeit* – in all ihrer schimmernden Pracht?

Der kriegerische Geist Achilles', des tapferen und leichtfüßigen Thessaliers, ist gekennzeichnet durch seine überschäumende Wut und seine Überheblichkeit. Er wird wahnsinnig durch den tragisch verursachten Tod seines Vetters Patroklos und geht so weit, zwölf trojanische Jünglinge zu opfern, die er zuvor aus der belagerten Stadt verschleppt hatte. Ebenso berühmt wie diese unbarmherzigen Entführungen des Achilles sind die listigen Lügen des seefahrenden Odysseus, die in unserer ethischen Vorstellungswelt generell verachtenswert erscheinen. Die griechischen Krieger Odysseus und Diomedes versprechen dem gefangengenommenen trojanischen Kundschafter Dolon treuherzig sein Leben im Austausch gegen kriegswichtige Informationen (»Sei getrost; kein Todesgedank' umschwebe das Herz dir!«). Doch kaum waren diese preisgegeben, schlagen sie Dolon ohne Skrupel den Kopf ab.

Besonders das Beispiel des Odysseus zeigt, dass Lüge und Verrat im klassischen Griechenland an der Tagesordnung sind – und keineswegs eines Helden unwürdig. Ein weiteres Beispiel ist die bekannt gewordene allgemeine Verblüffung in Athen darüber, dass eine integre und aufrichtige Persönlichkeit wie Aristeides – Beiname: der Gerechte – als Staatsmann an die Öffentlichkeit der Stadt tritt. Offenbar war die athenische Politik vorher ausschließlich gemacht worden von verachtenswerten Heuchlern und Betrügern. Ferner zögert Xenophon gegenüber seinen Schülern nicht, ausdrücklich zu Lüge und Diebstahl zu raten, wenn es sich bei den Opfern lediglich um Feinde des Vaterlandes bzw. der Vaterstadt handelte, was so viel bedeutete wie: Gegenüber *sämtlichen* Fremden waren Lug und Betrug erlaubt und sogar anempfohlen. Odysseus prahlt öffentlich mit seinen Plünderungen, wie etwa jener der kikonischen Küstenstadt Ismaros (des späteren Maroneia). Thukydides erklärt, dass das Banditentum die Haupteinnahmequelle der frühen Griechen gewesen sei und dass der fähige Räuber unter ihnen als angesehener Mann gegolten habe. Theseus heuchelt seine Liebe zur verzückten Ariadne nur des Interesses wegen; als sie ihm nicht mehr von Nutzen ist und er sich in eine andere verguckt, verstößt er sie prompt.

Selbst die Weisen und Philosophen sind – nach unseren heutigen Maßstäben – alles andere als tugendhaft: Sophokles hält sich Theoris als Geliebte und Platon liebt die Kurtisane Archeanassa. Epikur verkehrt fröhlich mit Danaë und selbst der frustrierte Diogenes kann der Laïs nicht widerstehen, der schönsten der Hetären. Als Hetären bezeichnet man weibliche Prostituierte des Altertums, die jedoch im Gegensatz zu »billigen« Huren als sozial anerkannt gelten.

Vor diesem Hintergrund erklärt es sich, dass die alten Griechen als »große Kinder« wahrgenommen werden, so jedenfalls überliefert von ägyptischen Priestern. Die Griechen gelten als kühn, spöttisch und gewalttätig, aber auch als grundsätzlich pessimistisch. Diese Charakterisierung greift Nietzsche – wie bereits erwähnt – auf. Allerdings, so schließt er, hätten die Hellenen ihr Genie und ihren Geschmack für das Schöne und Ästhetische aus ebendieser ungestümen Kraft und aus diesem wirbelwindartigen Leben gewonnen. Sicherlich aber nicht, wie zur Zeit Nietzsches allgemein angenommen, aus der Bescheidenheit, Mäßigung, der angenehmen Freundlichkeit gegenüber Jedermann und dem Widerwillen gegenüber jeder Art von Extremen.

Nietzsche wendet sich darüber hinaus gegen einen Irrtum, der bezüglich der antiken Griechen seit Jahrhunderten kursiert. Historiker und Philosophen sind davon ausgegangen, dass die Losungen und Sprüche, die die Griechen auf ihren Tempeln und Kultstätten hinterließen, ihre menschliche und soziale Natur ausdrückten. In der Vorhalle des Apollotempels in Delphi, dem bedeutsamsten der altgriechischen Zivilisation, konnte man an der Seite des berühmten »Erkenne dich selbst« (*Gnṓthi seautón*, was oft fälschlich Sokrates zugeschrieben wird) auch *Mēdén ágan* (»Nichts im Übermaß«) lesen, was als Aufruf zur Mäßigung und Bescheidenheit verstanden wurde. Diesen Appell finden wir regelmäßig in griechischen Texten, die vor der Hybris warnen und uns Angst vor den Furien machen sollen, die erschaffen wurden, um die Maßlosen zu jagen und zu quälen. Aus diesen Inschriften schließen viele, dass die griechischen Urheber selbst vollkommen weise gewesen sein mussten. Über diese vorschnellen Interpretationen und Annahmen macht sich der große US-amerikanische Historiker Will Durant lustig, der zu einem ganz anderen Schluss gelangt: Die alten Griechen verordneten sich allgegenwärtig Mäßigung und Zurückhaltung, gerade *weil* sie tatsächlich diese Charaktereigenschaften auf das Schmerzlichste vermissen ließen.

»Ich sage euch: man muss noch Chaos in sich haben, um einen tanzenden Stern gebären zu können«, so lässt Nietzsche seinen Zarathustra predigen und stützt damit seine frühere These aus

Die Geburt der Tragödie. Dieses sprudelnde Chaos der antiken Griechen ist die Quelle ihres schöpferischen Genies. In dieser mentalen Kontinuität empfindet der junge Nietzsche die kreative Genialität Richard Wagners. Die Tragödien voller Leben, bestimmt durch Trübsal, aber auch Grandiosität, aus denen insbesondere die vier Opern des Zyklus *Der Ring des Nibelungen* bestehen, scheinen für Nietzsche unmittelbar aus den gleichen psychologischen Tiefen zu stammen, wie die altgriechischen Meisterwerke.

Später jedoch ändert er seine Auffassung und beginnt daran zu zweifeln, ob die gewaltige Musik Wagners wahrhaftig diejenige zeitgenössische Kunst ist, die dem antiken Esprit am besten entspricht, so wie dieser sich Nietzsche in seinen Schlussfolgerungen darstellt. Am Ende ist es vielmehr die italienische und französische Musik (etwa die in *Carmen* von Georges Bizet), welche viel leichtfüßiger und folkloristischer daherkommt, die aus der Sicht Nietzsches[5] seinem Ideal des hellenistischen Lebens näherkommt. Näher jedenfalls, als es germanische Schwere und Schwermütigkeit jemals schaffen könnten.

III. Ein menschlicher, allzumenschlicher Bruch

Nach dem Erscheinen und Erfolg seines ersten Buches entfremdet sich Nietzsche allmählich in kleinen Schritten von Richard Wagner und überwirft sich schließlich ganz mit seinem einstigen Abgott. Dieser Bruch der freundschaftlichen Beziehung beider Männer ist

5 Damit provoziert er bewusst die Anhängerschaft Wagners, mit der er sodann bricht.

zugleich ein philosophischer wie auch künstlerischer und er setzt zu jenem Zeitpunkt ein, als es Wagner nach Bayreuth zieht. Diese kleine bayerische Stadt soll fortan heiliger Boden werden und ist seinem Künstlergenie bis zum heutigen Tage hingebungsvoll gewidmet. Zahllose Bewunderer und Anhänger Wagners strömen wie auf Pilgerschaft herbei. Wagners Berühmtheit stellt diejenige zeitgenössischer Musiker, Komponisten und anderer Künstler in den Schatten. Selbst Kaiser Wilhelm I. – obwohl eigentlich ein ziemlicher musikalischer Banause – nimmt am 13. August 1876 an den ersten Bayreuther Festspielen mit der vollständigen Aufführung des *Ring des Nibelungen* teil.

Das Festspielhaus war seit 1872 eigens für den zugezogenen Meister errichtet worden. In dieser überkandidelt-falschen, aufgeblähten Atmosphäre verliert Wagner, in den Augen Nietzsches, seine artistische Reinheit und seinen authentischen Esprit. Schlimmer noch: Ganz dem ideologischen Zeitgeist verfallen, wandelt sich Wagner zum überzeugten Nationalisten, Antisemiten und christlichen Reaktionär. Sein schöpferischer Geist wird hoffnungslos schwer und ziemlich »deutsch« – damit entfernt er sich von dem antik-dionysischen Ideal, das Nietzsche in den Jahren zuvor in Wagner und seiner Kunst ausgedrückt fand.

Während der (Lehr-)Jahre als Professor in Basel schreibt Nietzsche vier *Unzeitgemäße Betrachtungen* – man könnte auch sagen: verfrühte Betrachtungen –, die später in einem einzigen Buch gesammelt werden. Es handelt sich dabei um vier kleinere Aufsätze, die merklich in ihre Entstehungszeit eingebettet sind, die also – trotz ihres widersprüchlichen, zusammenfassenden Titels – fest im zeitlichen Kontext fußen und alles andere als »zeitlos« sind. Nietzsche ist bei ihrer

Abfassung noch ganz der universitäre Denker, der auf die virulenten Probleme und intellektuellen Polemiken seiner Zeit reagiert; insbesondere in seinem eigentlichen Heimatland Deutschland.

Die erste (1873) und zweite (1874) seiner *unzeitgemäßen Betrachtungen* haben zum einen den Schriftsteller David Strauß zum Thema und behandeln außerdem die universitäre Kultur in Deutschland sowie den grundsätzlichen Historizismus, der jedenfalls seit Hegel einen Großteil der abendländischen Ideenwelt prägt. An dieser sogenannten klassischen Bildung kritisiert Nietzsche ihre »Grauhaarigkeit« und dass ihre Klassenziele von einem »unfruchtbaren Begriffe der Cultur« ausgingen, in welchem sich Lernen und Gelehrsamkeit vollständig vom Leben und seinen Voraussetzungen entfernten. Gleichzeitig geht Nietzsche den historisierenden Idealismus derer an, die er geringschätzig als »historisch-aesthetische Bildungsphilister« bezeichnet. Gemeint sind nicht zuletzt seine Professorenkollegen, die staatsalimentierten Intellektuellen und die alteingesessenen Mandarine in den Bildungsinstitutionen.

Die dritte *unzeitgemäße Betrachtung* (1874) ist wohl von den vieren die wichtigste. Sie trägt den Titel *Schopenhauer als Erzieher* und zeugt von der bedeutsamen intellektuellen Schuld, die Nietzsche gegenüber dem misanthropischen Verfasser von *Die Welt als Wille und Vorstellung* empfindet. Erinnern wir uns daran, dass Nietzsche eine altsprachliche Schulbildung genossen hat und er ist studierter Altphilologe, also ein Fachmann für historische Sprachen und Texte, aber eben kein »gelernter« Philosoph.[6] Man kann sagen, dass Nietz-

6 Wir heutigen Institutionenhörigen sind dazu übergegangen, diejenigen Menschen als Philosophen zu bezeichnen, die ein Hochschulstudium der Philosophie absolviert haben.

sche erst allmählich durch die Lektüre der Abhandlungen Schopenhauers zum Philosophen *wird* und diese einen enormen Einfluss auf die Entwicklung seines Denkens nehmen.

Arthur Schopenhauer ist ein eigentümlicher und faszinierender Philosoph. In seinem Ansatz bedeutet die Philosophie weniger den Versuch, die Welt kennenzulernen, sondern zur *Bedeutung* ebendieser vorzudringen, um sodann ihren wahren *Wert* mit Endgültigkeitsanspruch beurteilen zu können. Über dieses gedankliche Vorgehen kommt Schopenhauer zu einem radikalen Pessimismus, der ihn dazu zwingt, die für gewöhnlich angenommenen Bedingungen der menschlichen Existenz, wie den freien Willen oder das Verlangen, zurückzuweisen. Vergleichbar den Buddhisten, zieht auch Schopenhauer nach seiner philosophischen Untersuchung des Lebens den Schluss, dass nur der Wille zum Nicht-Wollen von eigentlichem Wert sei. Dabei ist er stark inspiriert von fernöstlichen Lehren, wie man sie in den Religionen des Hinduismus und Buddhismus findet, in die Schopenhauer durch den Volkskundler Friedrich Majer eingeführt worden ist. Zur Zeit Schopenhauers werden immer mehr asiatische Schriften und Überlieferungen im Okzident übersetzt und rezipiert.

Entlangtastend an der Philosophie Schopenhauers und dessen tiefgreifendem Pessimismus, entwickelt Nietzsche ein Gegengift gegen den deutschen Idealismus im Allgemeinen und das Philoso-

---

Oft erkennen wir indes, dass wir unter ebendiesen »ausgebildeten« Philosophen am allerwenigsten kluge und originelle Köpfe finden. Schon Nietzsche schrieb dazu: »Nehmen wir an, es sei gegenwärtig eine recht schwache Generation solcher *Philosophen* – aber eine bessere wird es nicht an der Universität aushalten.« (Hervorhebung im Original) phiegebäude Hegels im Speziellen. Die Kernidee Hegels, die in den deutschen Fakultäten dominiert, besagt vereinfacht, dass die Welt unaufhörlich fortschreitet über ihre (Welt-)Geschichte hin zum Triumph des Geistes. Dieses Fortschrittsprinzip als »Weltgeist« erscheint Nietzsche als Illusion, ja als kindische Albernheit.

Schließlich behandelt die letzte der *unzeitgemäßen Betrachtungen* (1876) den Umzug Wagners nach Bayreuth und sein Wirken dort. Der persönliche Bruch ist noch nicht abschließend vollzogen, aber wir merken der ernüchterten Feder Nietzsches in diesem Text deutlich an, dass er zunehmend unbeeindruckt, ja entzaubert ist. Die *vierte Betrachtung* liest sich wie der Auftakt zu einer herben Enttäuschung.

In den 1870er Jahren ist der immer noch junge Nietzsche ein respektierter Universitätsprofessor und geehrter Altphilologe; er ist ein brillanter, aber wohl kaum *genial* zu nennender Denker. Dann fesselt ihn eine plötzliche Krankheit für Tage ans Bett. Dennoch entschließt er sich, seinem Freund Peter Gast (der eigentlich Heinrich Köselitz heißt) ein neues Werk zu diktieren: *Menschliches, Allzumenschliches*. Es ist der erste Text, den Nietzsche aus Aphorismen komponiert, was in seinem weiteren Schaffen sein bemerkenswert typischer Stil werden soll. Gewollt ironisch, widmet er sein Werk Voltaire, dessen hundertjährigen Todestag man feierlich begeht. Mit der Berufung auf Voltaire kontrastiert Nietzsche den freien und sarkastischen Geist des Franzosen mit der wagnerischen, »teutonischen« Schwere, von der er sich in einem bewussten Akt der Entwöhnung entfremdet.

Mit diesem Buch schwört Nietzsche den Überbleibseln seiner romantischen Vergangenheit, die – mehr unbewusst als bewusst – seinen Glauben an Wagner genährt hatten, endgültig ab. Ebenso weist er nun den philosophischen Idealismus mit Nachdruck zurück: Überall dort, wo man glauben macht und glaubt, dass so etwas wie Ideale, großartige Ideen, Himmelreiche, im Ätherischen schwebende Abstraktionen und Konzepte existierten, da sieht Nietzsche nichts weiter als Menschliches, ja sogar Allzumenschliches.

Mit dem Erscheinen von *Menschliches, Allzumenschliches* zieht eine neue Phase im Leben Nietzsches herauf. In dieser Zeit wird er tatsächlich zu der Persönlichkeit werden, die er ist – um die berühmte Wendung zu gebrauchen, die Nietzsche in einem Brief an Lou von Salomé[7] von dem athenischen Dichter Pindar entlehnt: »Werde, der du bist«.

IV. Das Leiden wird zum Lehrmeister

Gegen Ende der 1870er Jahre befällt Nietzsche ein Leiden, das derart mysteriös daherkommt, dass die Ärzte unfähig sind, eine Diagnose zu stellen. Er hat höllische Migräneattacken und erblindet zeitweise völlig. Er erbricht alles bis zur Gallenflüssigkeit und ist gezwungen, für Wochen in einem abgedunkelten Zimmer möglichst regungslos auf dem Bauch zu liegen.

Bis heute rätselt man über die Diagnose und den Ursprung dieser Krankheit. Lange Zeit nahm man an, dies seien Symptome der

7 Lou Andreas-Salomé (1861–1937) war eine deutsch-russische Schriftstellerin, die sich mit vielen Genies ihrer Zeit, darunter Rainer Maria Rilke und Sigmund Freud, anfreundete und austauschte.

Syphilis gewesen. Doch nach und nach stimmen Mediziner eher der Annahme zu, es habe sich um eine neurologische Erbkrankheit gehandelt, denn auch Nietzsches Vater wurde als jüngerer Mann von einer ähnlichen Pein heimgesucht.

An Weihnachten 1879, Nietzsche ist mittlerweile 35 Jahre alt, erlebt er die schlimmste Phase seines Krankseins, den Höhepunkt des körperlichen Elends. Beinahe drei Tage am Stück muss er sich nur übergeben und verliert mehrere Male sogar das Bewusstsein. Er geht aufrichtig davon aus, dass sein Tod kurz bevorstehe und erste umgehende Gerüchte künden bereits von seinem krankheitsbedingten Ableben.[8]

Bei der Schilderung dieser morbiden Erfahrung halten wir kurz inne, weil dieses Erleben sowohl für Nietzsche persönlich als auch für seine Philosophie von entscheidender Bedeutung ist. Karl Jaspers schreibt in einem Buch über Nietzsche: »Wer Nietzsches Briefe und Schriften in chronologischer Reihenfolge liest, kann sich dem außerordentlichen Eindruck nicht entziehen, dass Nietzsche ab 1880 eine tiefere Wandlung durchmacht als je zuvor in seinem Leben.« Zwar wurde Nietzsche schon in jungen Jahren vom Tod verfolgt, doch es war dieser schicksalhafte Moment, der sein Leben umkrempelte und seiner Philosophie ihren besonderen Charakter aufprägte.

---

8 In einem Brief an seine gute Freundin Malwida von Meysenbug schreibt er am 14. Januar 1880: »Obwohl Schreiben für mich zu den verbotensten Früchten gehört, so müssen Sie, die ich wie eine ältere Schwester liebe und verehre, doch noch einen Brief *von* mir haben – es wird doch wohl der letzte sein! Denn die furchtbare und fast unablässige Marter meines Lebens läßt mich nach dem Ende dürsten, und nach einigen Anzeichen ist mir der erlösende Hirnschlag nahe genug, um hoffen zu dürfen. Was Qual und Entsagung betrifft, so darf sich das Leben meiner letzten Jahre mit dem jedes Asketen irgendeiner Zeit messen [...].«

Zunächst stellt ihm diese Begegnung mit dem Tod endgültig die Frage nach dem *Wert des Lebens*, die für ihn später so wichtig sein wird; schließlich entdeckt er in der Analyse *seines eigenen Leidens* zahlreiche Wahrheiten, insbesondere solche psychologischer Art, über die Menschheit und ihr Naturell insgesamt. Dies versteht besser, wer liest, was Nietzsche seinem Arzt Otto Eiser schreibt, just nachdem er – seinem Eindruck nach – dem Tode knapp entronnen war: »Meine Existenz ist *eine fürchterliche Last:* ich hätte sie längst von mir abgeworfen, wenn ich nicht die lehrreichsten Proben und Experimente auf geistig-sittlichem Gebiete gerade in diesem Zustande des Leidens und der fast absoluten Entsagung machte – diese erkenntnis-durstige Freudigkeit bringt mich auf Höhen, wo ich über alle Marter und alle Hoffnungslosigkeit siege. Im ganzen bin ich glücklicher als je in meinem Leben.«

Wie ist es möglich, dass Nietzsche sich in einer derartigen Situation der Krankheit und des Leids zum glücklichen Menschen erklärt? Wir vermuten, weil er in diesem kränklichen Zustand eine *Entdeckung* macht – ausgestattet dabei nicht mit christlicher Erlösungshoffnung, sondern mit einer heroischen und beinahe tragischen Moral, die er aus der ihm so gut bekannten Antike ableitet.

Zum einen ist sein Leiden schöpferisch, für seine Entwicklung geradezu nahrhaft und es wirkt *bahnbrechend*. Wenn der Aufklärer Étienne Bonnot de Condillac Recht hat und Intelligenz nur eine gesteigerte Form der Sensibilität ist, dann kann eine durch schweres Leiden geschärfte Sensibilität umso mehr gesteigert werden und mit ihr wiederum auch ein Anteil der Intelligenz. Wie Nietzsche seinem Arzt schrieb, bildet er sich stets fort und entwickelt sich weiter, wenn er leidet. Er analysiert, was in ihm vorgeht und welche

Ideen ihm dabei kommen. Nietzsches Philosophie wird – wie wir noch sehen werden – *monistisch*: Der Körper geht dem Geist voran und es existiert keine Trennung zwischen dem biologischen Substrat des Menschen und seinem Intellekt. Alle unsere Ideen und Vorstellungen produziert unser Leib und es liegt nahe, dass ein schwacher, kränklicher Körper in diesem realen Zustand kranke Ideen gebiert. Dieses Grundproblem offenbart sich Nietzsches Denken und wird zu einem zentralen Thema.

In einer Art erkenntnistheoretischen Solipsismus, da er sich also selbst untersucht, das heißt indem er beobachtet, was während seines Leidens in ihm vorgeht und welche gedanklichen Impulse dabei tendenziell entstehen, kann Nietzsche die psychologischen Prozesse, die er selbst erlebt, auf andere Personen übertragen und so grundlegende Umstände in Philosophie und Psychologie enthüllen. Er schreibt hierzu, dass die »unendlichen Variationen seines Gesundheitszustandes« ihm als Denker einen Vorsprung verschaffen, weil er analysieren kann, was jeder einzelne Gesundheits- oder Krankheitszustand an Ideen hervorzubringen vermag. Diese Selbstbetrachtungen projiziert er sodann auf andere Menschen, ja ganze Gesellschaften und Völker, um sie besser verstehen und erklären zu können.

Nietzsche teilt uns mit, dass das Leben aus einer Reihe von Belastungen besteht. Spannungen sind immer auch kreativ und das Leiden ist in gewissem Maße sogar notwendig. Von Antoine Blanc de Saint-Bonnet, einem katholischen Schriftsteller und Gegenrevolutionär, stammt eine anrührende und zugleich schreckliche Reflexion, die Nietzsche so wahrscheinlich auch hätte haben können: »Jeder Mensch ist wie sein Schmerz beschaffen.« Mehr noch, Nietzsche schreibt im vierten Buch seiner *Fröhlichen Wissen-*

schaft, dass Glück und Unglück wie zwei Zwillingsgeschwister sind, die entweder gemeinsam wachsen oder zusammen klein bleiben. Großes Leid ermöglicht paradoxerweise zugleich Zustände großen Glücks – großes Glück, das diejenigen, die ihr Leben behutsam schonen oder immer in ihren *Safe Spaces* bleiben, leider niemals erfahren können.

Wenn das Leiden also schöpferisch und in gewissem Umfang sogar unerlässlich für jedes innovative Denken ist, so darf man sich dennoch nicht auf ihm ausruhen oder mit ihm arrangieren, sondern muss über es triumphieren und schließlich bezwingen. Diese Nuance ist wichtig, da uns das Leid auch in die Irre führen kann. Ein kranker Körper kann ungesunde Ideen hervorbringen: Das ist eine der großen Intuitionen Nietzsches. Die Philosophie selbst ist vielleicht nur ein geistig verbrämtes Missverständnis des Körpers, also ein letztlich *misslungener* Ausdruck der (wahren) Vorstellungen eines Wesens. Man philosophiert so wie man atmet – oder eher, wie man *speit*. Das aber ist häufiger Galle. Denn das ist es, was passiert, wenn man sehr krank ist: Der Körper ist wütend auf das Leben, und folglich sind auch die Gedanken und die Philosophie von Wut getrieben. Dennoch schreibt Nietzsche an seine Freundin Malwida, genau in dem Moment, in dem er annimmt, wirklich dem Tode nahe zu sein: »Kein Schmerz hat vermocht und soll vermögen, mich zu einem falschen Zeugnis über das Leben, *wie ich es erkenne*, zu verführen.«

Wir alle leiden oder werden eines Tages leiden müssen – das ist eine unumstößliche Tatsache –, aber es gibt verschiedene Möglichkeiten, auf Schmerz zu reagieren. Laut Nietzsche enden die meisten Menschen schließlich damit, dass sie die Existenz anklagen und sich für ihre Qual rächen wollen, indem sie das Leben selbst verunglimpfen. Nietzsche lehnt sich im Wesentlichen gegen diese Versuchung des leidenden Körpers auf, das (irdische) Leben als solches anzugreifen. Wir sollten nicht nur dieser teuflischen Versuchung widerstehen, sondern sogar versuchen, dem Leben immer und irgendwie dankbar zu sein: Die vielen Leiden, die es uns zufügt, können uns ein riesiges Feld des Wissens eröffnen und uns ein seltsames, aber wahrhaftiges – weil in Tapferkeit geschmiedetes, wertvolles – Glück schenken.

Wir können nur erahnen, wie beeindruckt Nietzsche von einem Gedicht der jungen Lou von Salomé gewesen sein muss, in die er sich verliebt. Sie schreibt es im Herbst 1881 und nennt es *Gebet an das Leben*:

Gewiß, so liebt ein Freund den Freund
wie ich dich liebe, rätselvolles Leben!
Ob ich in dir gejauchzt, geweint,
ob du mir Leid, ob du mir Lust gegeben,
ich liebe dich mit deinem Glück und Harme,
und wenn du mich vernichten mußt,
entreiße ich schmerzvoll mich deinem Arme,
gleich wie der Freund der Freundesbrust.

V. Morgenröte und Metamorphose

Unter diesen leidvollen Umständen beschließt Nietzsche, seine prestigeträchtige Professur an der Universität Basel aus Gesundheitsgründen im Jahr 1879 aufzugeben. Daraufhin lebt er zunächst bei seiner jüngeren Schwester Elisabeth, aber sein Gebrechen verschlimmert sich und er leidet noch stärker als zuvor. Weil er sich bereits dem Tode nahe wähnt, verfasst er sein Testament; rafft sich dann jedoch mit seinen gefühlt letzten Kräften zu einer lebenswichtigen Notwendigkeit auf: Er reist in ein Klima, das milder ist als das im nebelgrauen und feuchten Deutschland. In Italien hofft Nietzsche, seinen Gesundheitszustand zumindest halbwegs verbessern zu können.

Diese Reise gen Süden wirkt für seine Verfassung gleich einer medizinischen Revolution und einer auch psychischen Offenbarung. Endlich atmet Nietzsche wieder frei und erholt sich beinahe vollständig. Als erstes bricht er auf nach Venedig, wo er die beschauliche Ruhe und Stille der alten Stadt schätzt – ein Eindruck, der aus jetziger Sicht seltsam erscheint, quellen die Straßen und Gässchen Venedigs heute über von lärmenden Touristen und afrikanischen Straßenhändlern. Nach Venedig lässt er sich in Genua nieder und fühlt sich dort wie neugeboren. Er schreibt: »Falls ich noch am Leben bin, verdanke ich das Genua.«

Irgendjemand hat angeblich in früheren Zeiten gesagt, dass ein Mann des Nordens noch niemals die Größe seines eigenen Talents stimmig erfassen konnte, bis zu dem Zeitpunkt, in dem er das erste Mal im Leben unter der mediterranen Sonne wandeln durfte. In ihrem warmen Glanze schmilzt die nordische Steifheit des Mannes weg, um schließlich die Strahlkraft seines Potenzials freizusetzen. Es geschieht auf die gleiche Weise, in der Nietzsche – geboren und fast krepiert in der strengen Ödnis des deutsche Protestantismus – im »heidnischen« Sonnenschein durch den Kuss einer belebenden Klarheit wiederaufersteht.

Weil Nietzsche vermutlich der erste bedeutsame Philosoph ist, der die Biologie als Wissenschaft vom Leben in sein Denken aufnimmt, besteht er auf die Abhängigkeit und Wechselwirkung zwischen unserem Intellekt und der Luft, die wir atmen. Unser Geist ist geprägt durch das, was unser Körper an Essen bekommt und dadurch, wie das Licht unserer Umgebung auf uns einströmt. Die irdischen und materiellen Gegebenheiten bringen alle unsere Ideen hervor und formen sie auch weiterhin. Unsere Gedanken und Einfälle schweben daher nicht voraussetzungslos in einem »reinen Geist«, der seit Platons Zeiten eigentlich der größte Stolz der Philosophenzunft ist. Was die Philosophie betrifft, schreibt Nietzsche amüsiert, dass ein bestimmtes Klima für seine geistigen Aufschwünge und Durchbrüche förderlicher ist. Er ist überzeugt, nichts sei vorzugswürdiger, als seinen Gedanken in trockenen, warmen Gebieten nachzuhängen, wie etwa in der Provence, in Griechenland oder eben in Italien.

In Genua schreibt Nietzsche *Morgenröte*. Der Titel sowie die Rückseite des Buches geben vielsagenden Aufschluss darüber, was *mit ihm* und *in ihm* zu dieser Zeit geschieht. Die Morgenröte ist immer der bewegende Beginn von etwas Neuem und dieses Phänomen entspricht emotional der Stimmungslage Nietzsches seit seinem Aufbruch in den Mittelmeerraum. Sein wahres Leben beginnt jetzt und mit ihm die Entstehung seiner philosophischen Hauptwerke.

In *Morgenröte* breitet Nietzsche bereits die Themen aus, die seine spätere, »erwachte« Philosophie hauptsächlich ausmachen werden. Er schreibt über die Herkunft moralischer Vorurteile und er widmet sich der Beschreibung eines neuen Typus Philosoph, der weniger ein »kultivierter Philister« sein soll, der sich bloß etwas auf seine universitären Diplome, seine akademischen Grade und seine publizistische Gewichtigkeit einbildet, sondern der ein Entdecker, ja ein Eroberer ist. Der Denker der Zukunft ist ein Mann, der es wagt, die eingesessenen Gewohnheiten des Geistigen und der Moral herauszufordern und schließlich zu durchbrechen. Die Philosophie ist nicht länger zwingend gemacht und ein »Erbhof« für die Intellektuellen, wie wir sie bis heute antreffen: vernachlässigte körperliche Erscheinungen, den Hintern fest auf einen Stuhl geschraubt und umgeben von staubigen Wälzern.

Die Philosophie wird bei Nietzsche zur Disziplin für Krieger und für die Starken, die die Luft der Freiheit zu atmen imstande sind. Selbst Platon, wohl die Philosophengestalt par excellence, war eine Kämpfer- und Siegernatur. Er war ein nicht bloß geistiger Koloss, denn sein griechischer Name *Πλάτων* bedeutet in etwa »der Breitschultrige«. Heutzutage würden Typen wie Platon in Saint-Germain-des-Prés, an der Sciences Po oder in der Umgebung der Rue d'Ulm in Paris[9] zweifellos mit abschätzigen Blicken bedacht, denn niemand vermag mehr zu glauben, dass die Gestalt eines Boxers aufgeklärter und klüger sein könnte als ein schmächtiger Soziologe oder schlabbriger Journalist mit Eierkopf.

Der vergeistigte Denker, der meint, nur dann intellektuell glaubwürdig zu sein, wenn er sich nicht die Haare kämmt, oder der weniger Gewicht auf die Waage bekommt als drei seiner Bücher zusammen, ist eigentlich ein relativ neues Erscheinungsbild in der Geschichte der Philosophie und der Philosophentypen. Man kann aus dieser Beobachtung ohne Schwierigkeiten den Schluss ziehen, dass

9 Alles dezidiert »intellektuelle« Orte in Frankreich – oder jedenfalls halten sich die Leute, die dort verkehren, selbst für sehr intellektuell und bedeutsam.

dieser idealisierte Archetyp aus der grässlichen Welt der ökonomistischen Spezialisierung stammt, die Individuen nach der Branche oder dem Fachgebiet kategorisiert, dem sie ein Leben lang verbunden bleiben, und in welches sie immer tiefer und tiefer einsteigen müssen – zumindest so tief, wie ein Grab gegraben wird. Dieses Bild des weltfremden und weltentsagenden, körperfeindlichen Philosophen ist jedoch tatsächlich weit weg vom antiken Streben nach universaler Ganzheit und Vollkommenheit, wie wir es in der altgriechischen *Kalokagathia* (καλοκἀγαθία) finden. In diesem vortrefflichen Idealbild ist der Mensch gut und schön, stark und philosophisch zugleich und nicht zuletzt jemand, der sich niemals einsperren und binden lässt, schon gar nicht an ein einziges Spezialgebiet oder eine verengende Expertise.

An diesem Wendepunkt seiner Existenz findet Nietzsche endlich den Rhythmus und die Reinheit des Lebens, die ihn beflügelt in seinem Schaffen. Die Winter und Frühlinge verbringt er an den Küsten des Mittelmeers und den Sommer im Engadin, im hochschweizerischen Graubünden. Er wandert viel, auch weil es – wie er sagt – notwendig sei, um jeden Preis die bleiernen, schweren, kraftlosen und labilen Gedanken zu vermeiden, die einem in den Sinn kommen, wenn man bloß den ganzen Tag auf seinen vier Buchstaben sitzend verharrt. »Meine Gesundheit bessert sich, ich bin unermüdlich im Spazierengehen und einsamen Für-mich-hin-Denken«, schreibt Nietzsche an einen Freund. Nach eigener Aussagen kommen ihm die wertvollsten Einfälle beim Spazierengehen. Damit knüpft er an eine klassische Tradition in der Philosophie an, nämlich die des Aristoteles und der Peripatetiker. Die Vorzüge dieses Ansatzes des Nachdenkens und Philosophierens beim Gehen sind heute von Wissenschaftlern nachgewiesen worden.[10] Schritt für Schritt nähert sich Nietzsche somit den Grundproblemen der Philosophie, ja sogar den womöglich schmerzhaftesten unter ihnen: denjenigen Fragen nämlich, die sich den Europäern mit dem unausweichlichen Tod Gottes stellen.

VI. Der Tod Gottes

Wie Gläubige, die an ihre heiligen Stätten pilgern, so reisen die Bewunderer und Anhänger Nietzsches seit jeher nach Sils-Maria ins Engadin. An diesem Ort schreibt Nietzsche das Werk, das wahrlich für seine Rückkehr ins Leben steht: *Die fröhliche Wissenschaft*, dessen alternativer Titel *la gaya scienza* aus der alten Sprache des Okzitanischen entlehnt ist, also der Sprache Südfrankreichs, der Troubadoure und Minnesänger, der höfischen Liebe und des Dichters Frédéric Mistral.

Nietzsches geschwächter Körper, der allmählich ins Leben zurückkehrt, will von da an eine Philosophie der Dankbarkeit gegenüber dem Leben hervorbringen; besser noch: eine Hymne an das Leben selbst. Ob mit Freude oder auch Leiden, im Glück oder Unglück, im Guten wie im Schlechten – es muss sich immer wieder aufs Neue meisterhaft behaupten und will zutiefst geliebt werden. Das ist die Essenz der bekannten Formel »Amor fati«.

---

10 Zahlreiche neuere Studien, die wir Heutigen nachlesen können, zeigen, dass der Mensch sich beim (Spazieren-)Gehen besser konzentriert, vor allem wenn er sich in der Natur bewegt. Aristoteles und seine Schüler haben diesen neuropsychologischen Vorteil zumindest erahnt.

Die *Fröhliche Wissenschaft* ist sodann die erste Schrift, die von Schreibstil und Form her vollkommen »nietzscheanisch« daherkommt. Sie ist besonders wichtig, weil der Leser in diesem Buch zum ersten Mal eine Formel antrifft, die einen dröhnenden Nachhall auslösen sollte und auf die die meisten Menschen Nietzsche noch heute – viel zu verkürzt – reduzieren. Die Rede ist von der berühmten Sentenz »Gott ist tot«.

Viele Male habe ich Leute – unter ihnen oftmals kluge, kultivierte Köpfe – über Nietzsche sagen hören, der Philosoph des Übermenschen sei nichts weiter als ein Nihilist und Vorläufer einer traditionsfeindlichen, destruktiven (Post-)Modernität. Er sei der erste gewesen, der offen und deutlich den Tod Gottes verkündet habe, was in den oftmals ungeheuerlichen Irreführungen Europas im gottlosen 20. Jahrhundert große Bedeutung und schwer gewogen habe. Nietzsche sei der wirkmächtigste Stichwortgeber der Atheisten und »Christenfresser« schlechthin, und zwar bis zum heutigen Tag. Diese oberflächlichen Befunde zu Nietzsches Werk folgen jedoch zumeist aus einer mangelhaften Interpretation.

Vielmehr übersieht man oft schon das nicht unwesentliche Detail, dass Nietzsche in *Die fröhliche Wissenschaft* nicht selbst als Autor oder Ich-Erzähler die berühmte Formel vom Tode Gottes ausspricht, sondern er legt sie in den Mund einer anderen, fiktiven Person. Und zwar nicht irgendeiner gewöhnlichen Person, sondern er lässt diesen Satz von einem *Geistesgestörten* proklamieren. Ein Verrückter schreit aufgeregt überall herum, dass Gott tot sei. Dieser bewusst gewählte Umstand ist wichtig, wenn man begreifen möchte, was Nietzsche tatsächlich ausdrücken, veranschaulichen und kontextualisieren möchte.

In dem in Rede stehenden Aphorismus rennt der »tolle Mensch«, wie er genau bezeichnet ist, mit einer entzündeten Laterne an einem strahlend hellen Vormittag durch die Straßen und auf den Marktplatz und schreit, er sei auf der Suche nach Gott. Die anwesende Menschenmenge aber macht sich über den Deppen und sodann auch über Gott selbst lustig, indem sie lästerlich antwortet: »Ist er denn verloren gegangen? [...] Hat er sich verlaufen wie ein Kind? [...] Oder hält er sich versteckt? Fürchtet er sich vor uns? Ist er zu Schiff gegangen? ausgewandert?« Alle lachen sich kaputt. In diesem Moment antwortet ihnen der tolle Mensch mit einer verblüffenden Nachdenklichkeit:

»Wohin ist Gott? [...] ich will es euch sagen! Wir haben ihn getödtet, – ihr und ich! Wir Alle sind seine Mörder! Aber wie haben wir diess gemacht? Wie vermochten wir das Meer auszutrinken? Wer gab uns den Schwamm, um den ganzen Horizont wegzuwischen? Was thaten wir, als wir diese Erde von ihrer Sonne loskettenten? Wohin bewegt sie sich nun? Wohin bewegen wir uns? Fort von allen Sonnen? Stürzen wir nicht fortwährend? Und rückwärts, seitwärts, vorwärts, nach allen Seiten? Giebt es noch ein Oben und ein Unten? Irren wir nicht wie durch ein unendliches Nichts? Haucht uns nicht der leere Raum an? Ist es nicht kälter geworden? Kommt nicht immerfort die Nacht und mehr Nacht? Müssen nicht Laternen am Vormittage angezündet werden? Hören wir noch Nichts von dem Lärm der Todtengräber, welche Gott begraben? Riechen wir noch Nichts von der göttlichen Verwesung? – auch Götter verwesen! Gott ist todt! Gott bleibt todt! Und wir haben ihn getödtet! Wie trösten wir uns, die Mörder aller Mörder?«

Im Gegensatz also zur Idee *prima facie,* dass Nietzsche als Denker *selbst* den Tode Gottes proklamiert und sich darüber zu freuen scheint, liest man von einem armen Teufel, der ängstlich feststellt, dass der christliche Gott – in früheren Zeiten allmächtig in den Herzen der Abendländer eingepflanzt – durch die modernen Menschen der hämischen, liederlichen Masse getötet worden sei. Es ist dieser sarkastische, jedenfalls geistig allzeit lynchbereite Massenmensch, der die Bühne von Soziologie und Politik in der Mitte des 19. Jahrhunderts betritt. Das Zeitalter der Masse zieht herauf.

Noch heute können wir ähnliche Phänomene, wie sie der tolle Mensch bei Nietzsche antrifft, in den sogenannten Sozialen Medien beobachten. In seinem Zeitalter hat Nietzsche, den man allzu gerne beschuldigt, Gott töten zu *wollen*, durchaus jedes Recht dazu, auf die Verantwortlichkeit der Menschen für dasjenige hinzuweisen, was klar vor jedermanns Augen steht, der hinsehen will. Das 20. Jahrhundert, mit seinen zwei Weltkriegen, dem Kommunismus, dem Nationalsozialismus und der destruktiven Postmoderne, soll das Verscheiden Gottes bestätigen. In diesen 100 Jahren töten oder leben wir im Namen politischer Ideologien oder gesellschaftlicher Überzeugungen und nicht mehr im Namen der einzig wahren und seligmachenden Religion. Die Feststellung vom Tod Gottes bedeutet jedoch keinen eigentlichen Fehler Nietzsches. Jahre später, gegen Ende seines Lebens und als er bereits schwer erkrankt ist, wird er seiner Mutter in einem seltenen Moment der relativen geistigen Klarheit auf der Ecke eines Tischtuches schreiben, dass man ihm nicht die Schuld geben solle, denn er sei es nicht gewesen, der Jesus Christus getötet habe. Es sei jedoch nicht ungewöhnlich, den Boten zu erschießen, der solch schreckliche Nachricht verkündet.

Was Nietzsche ein für alle Mal mit dem Tode Gottes zum Ausdruck bringen will, ist nichts weiter als die luzide und schonungslose Beobachtung eines geschwächten Christentums, das in Europa seinen alten Glanz verloren hat, nachdem es über tausend Jahre lang über die Gewissen und das Bewusstsein der Menschen herrschen konnte. Die Moderne tötet Gott in dem Maße, in dem sie auf ihn verzichtet, ihn einfach in Vergessenheit geraten lässt und nicht mehr zu ihm betet. Aber sein Tod macht die Menschen buchstäblich *sinn*los, das heißt, gerade aus dem Grund sinn- und geistlos, da sie keinen geistigen Führer mehr haben. Wird den Menschen bewusst, dass Gott tot ist, verlieren sie ihren klaren Geist und ihre führenden Sinne, so wie der tolle Mensch mit seiner Laterne am helllichten Tag. Aus dieser grausamen, jedoch unumkehrbaren Erkenntnis heraus müssen wir eine neue Philosophie erdenken, die in der Lage ist, uns neue Werte und Ziele zu vermitteln.

»Wie trösten wir uns, die Mörder aller Mörder? Das Heiligste und Mächtigste, was die Welt bisher besass, es ist unter unseren Messern verblutet, – wer wischt diess Blut von uns ab? Mit welchem Wasser könnten wir uns reinigen? Welche Sühnfeiern, welche heiligen Spiele werden wir erfinden müssen? Ist nicht die Grösse dieser That zu gross für uns? Müssen wir nicht selber zu Göttern werden, um nur ihrer würdig zu erscheinen?«

So schließt der tolle Mensch in *Die fröhliche Wissenschaft*. Und genau diese Fragen und Herausforderungen sind es, die Nietzsche als Philosoph überdenkt und in Angriff nimmt.

VII. Die Ewige Wiederkunft

Im August 1881, während Nietzsche sich auf einem seiner zahlreichen Spaziergänge rund um den See von Silvaplana befindet, in einer idyllischen und zugleich spektakulären Landschaft, da hält er länger vor einem großen Felsen mit beinahe pyramidaler Form inne. Er gibt selbst an, eine Erleuchtung, ja eine Vision gehabt zu haben: *die Ewige Wiederkunft* (oder auch: *Wiederkehr*). Auch bei diesem Schlagwort handelt es sich um ein bekanntes und oft zitiertes, aber oftmals auch kaum verstandenes Element aus Nietzsches Denken.

Die schlichte, sogar etwas plumpe Version einer Interpretation der Ewigen Wiederkunft ist die eines Appells an die menschliche Tapferkeit. Eine Tapferkeit, die uns über das Leben – zumal an seinem Ende – fragen lassen sollte: »War es das mit diesem Leben? Also gut, dann fangen wir von vorne noch einmal genauso an!« Es ist eine Art existenzielle Vorbedingung, die uns ermutigt, eine Existenz zu führen, die wir immer wieder und wieder neu beginnen möchten. Schließlich eine absolute Liebe zum Leben und zu allem, was es ausmacht (selbst zu dem, was wir gemeinhin negativ bewerten, wie Schmerz oder Traurigkeit).

So verstanden, erinnert uns der Gedanke der Ewigen Wiederkunft daran, das Leben immer wieder neu beginnen zu wollen. Nicht, weil man mit dem aktuellen Leben niemals zufrieden wäre und man den Neuanfang wollte, um es zu ändern, sondern im Gegenteil, weil man sein Leben so sehr liebt, dass man es am liebsten unendlich leben möchte. Diese sind das Verständnis und die Akzeptanz der Perfektion unserer Existenz und die völlige Übereinstimmung unseres Schicksals mit ihr.

In Wahrheit ist die Ewige Wiederkunft jedoch von einer ganz anderen Natur, nämlich eher metaphysischer als ethischer. Dieser Kerngedanke Nietzsches ist schwer begreiflich zu machen und sodann noch schwerer zu akzeptieren. In *Also sprach Zarathustra* enthüllt er die Vision der Ewigen Wiederkunft zum ersten Mal, und zwar durch eine Allegorie, die einem Rätsel gleichkommt.

Ein Wanderer ist seit langer Zeit auf einem freien, geradeausführenden Pfad unterwegs und gelangt plötzlich an eine Wegkreuzung, also an einen Punkt, an dem sich mehrere Pfade treffen. Dort schläft ein alter Mann am Fuße eines Pfahls, der die Kreuzung markiert. Nicht genau wissend, wo er sich gerade befindet, entschließt sich der Wanderer, den schlafenden Alten zu wecken, um ihn nach dem Namen dieser Stelle, dieser Wegkreuzung, zu fragen. Der alte Mann steht auf, schüttelt den Kopf, blickt dem Wanderer tief in die Augen und spricht zu ihm: »Dieser Ort, wo Du dich gerade aufhältst, nennt sich Augenblick.« Dann fügt er hinzu: »Schaue hinter dich, siehe dir die Strecke Weges an, die Du bis hierhin gegangen bist: Es liegt eine Ewigkeit hinter dir. Und nun blicke vor dich: Der Pfad, der vor dir liegt und den Du noch gehen musst, der ist auch eine Ewigkeit.«

Es ist nicht verwunderlich, dass der desorientierte und müde Wanderer keine gesteigerte Lust darauf hat, auf einem unendlichen Weg dahinzuschreiten. Andererseits kann er auch nicht einfach an Ort und Stelle dauerhaft verweilen, sondern muss seine Reise fortsetzen. Was also tun? Natürlich sind wir selbst dieser Wanderer und blicken dem Rätsel von der Ewigkeit und dem Augenblick tagtäglich ins Gesicht. Was aber bedeutet dieses Rätsel des Alten genau?

Es heißt, man habe eine Ewigkeit *hinter sich* und eine Ewigkeit *vor sich*. Wir sind daher wie eingekeilt zwischen zwei Ewigkeiten und im Allgemeinen nennt man die eine davon Vergangenheit und die andere Zukunft. Die Vergangenheit hat dabei keinen exakt zu bestimmenden Anfang und die Zukunft wiederum hat kein definitives Ende. Es sind zwei Unendlichkeiten, die sich treffen und stets derart verbunden sind, dass sie eins bleiben. René Guénon fasst es so zusammen: Zwei Ewigkeiten, zwei Unendlichkeiten können nicht zur gleichen Zeit existieren, da sie sich ständig gegenseitig begrenzen würden, was gerade der Natur der Sache(n) nach nicht angehen kann, ohne gegen die Definition von Unendlichkeit zu verstoßen. Die Ewigkeit hinter uns ist demnach exakt dieselbe, die vor uns liegt und die beiden Wege, die sie repräsentieren, sind folglich verbunden und fortlaufend. Der Ort, an dem wir beschließen, anzuhalten und uns zu vergewissern, wo wir uns befinden, das ist der Augenblick. Im Augenblick treffen zwei unendliche Wege verhängnisvoll aufeinander, die in Wirklichkeit nur ein und derselbe sind.

Dieser Augenblick trägt in sich alles, was bereits geschehen ist und zudem dasjenige, was noch geschehen wird. Das Dasein kehrt immer wieder zu sich selbst zurück in einer andauernden Bewegung, die wir im Laufe der Zeit zwar vage erleben können, die aber am Ende immer nur eine simple Perspektive bleibt. Zusammengefasst sind die Ewigkeit, das Göttliche, das Ganze, das Unendliche – die Vergangenheit und die Zukunft vereinigt – das, was wir den »Augenblick« nennen. Das alles ist in diesem Augenblick enthalten, also in ihm integriert. Er ist der Scheideweg, an dem wir immer stehen bleiben, ohne jemals oder bloß selten den Ort zu erkennen, an dem wir uns gerade befinden, der indes der wichtigste von allen ist. Denn er ist der Elementarste. Der Ort, der alles enthält: das Vergangene und das Zukünftige.

Daraus folgt, dass es kein endgültiges Ende des Lebens gibt, weder im Jenseits noch irgendwann in der Zukunft, und es gibt ebenso wenig ein bestimmtes Ziel. In Wahrheit wird der Lebenszweck in jedem Augenblick – in jedem gegenwärtigen Augenblick – erreicht, der im Kreislauf der Ewigkeit immer wieder auf dasselbe zurückkehrt. Das »Ziel« des Lebens ist also das Leben selbst.

Diese Philosophie ist – abgesehen davon, dass sie pythagoräische und stoische[11] Quellen hat – der von Baruch de Spinoza sehr ähnlich, und es ist nicht überraschend, wenn wir erfahren, dass Nietzsche Spinoza im Sommer 1881 liest. Er sieht in dem Verfasser der *Ethica* einen anderen großen Einzelgänger, einen Vorläufer[12] seiner selbst, mit dem er meint, die metaphysische Negation des freien Willens sowie der Ziele des Lebens, der moralischen Ordnung der Welt, der selbstentäußernden Entsagung und des Bösen zu teilen. Für Spinoza wie für Nietzsche enthält das Leben alles in einem Stück, zusammengesetzt aus einer einzigartigen und ewigen Substanz, die von Natur aus in jedes Teilchen und in jeden Moment fließt.

Das gegenwärtige Leben ist also das Absolute. Es gibt kein anderes und wird niemals ein anderes geben. Es ist notwendig, sich auf dieses Leben einzulassen, es anzunehmen und lieben zu lernen – so

---

11 Insbesondere mit Blick auf die Doktrin der katastrophalen Umwälzungen und der Palingenesis, das heißt der immerwährenden Regeneration der Welt in einem kosmischen Zyklus.

12 »Ich habe einen *Vorgänger* und was für einen!«, schreibt Nietzsche in einer Postkarte an seinen Freund Franz Overbeck am 30. Juli 1881.

wie es ist, mit all seiner unveränderlichen, immanenten und augenblicklichen Vollkommenheit. Dies ist die größte Lebensbejahung, die Nietzsche sich selbst offenbart und die er in die Formel von der Ewigen Wiederkunft bringt.

VIII. Zarathustra

Nach der Vision von der Ewigen Wiederkehr erleuchtet eine weitere wichtige Offenbarung das Leben Nietzsches und wird ihm eine entscheidende Prägung geben: Es ist der Charakter des Weisen Zarathustra. Nahe Genua, an einem Tage des Jahres 1882, während Nietzsche in der paradiesischen Bucht von Rapallo wandelt, entdeckt er in einem Tagtraum seinen mythischen und mystischen Doppelgänger, einen Bruder, in dem er schließlich den Propheten Zarathustra erkennt.

Zarathustra, oder auch Zoroaster, ist ein iranisch-persischer Prophet bzw. Priester (*Zaotar*), dessen Existenz ein Grenzfall zwischen Mythos und Geschichte ist, weil niemand weiß, wann er geboren wurde und in welcher historischen Epoche er seine religiösen und philosophischen Lehren verbreitete. Diese Lehre wiederum ist im Kern eine Form des Manichäismus, in welchem die Kräfte und Geister des »Guten«, des Lichts und des Tages, denjenigen gegenüberstehen, die das »Böse« und die Nacht repräsentieren. Noch heute finden sich Anhänger des Zoroastrismus im Iran, in Indien, in Aserbaidschan und in anderen Ländern dieser Weltregion. Wir müssen uns jedoch klarmachen, dass Nietzsches Zarathustra nichts mit dem real existierenden Zoroastrismus zu tun hat, weder inhaltlich noch historisch. Nietzsche wird nicht plötzlich zum Lehrer des Zoroastrismus.

Tatsächlich benutzt Nietzsche diese legendäre Figur, um ein poetisches und philosophisches Buch zu schreiben, das in Gleichnissen nach Art der biblischen Evangelien geschrieben ist. Weil der Verkünder Nietzsche mehr braucht als einen »einfachen« Philosophen, um seine Offenbarung zu enthüllen, greift er auf die Gestalt eines Propheten zurück. Dazu wählt er denjenigen, der vielleicht der erste in der Menschheitsgeschichte gewesen ist, der das Universum zwischen »gut« und »böse« geteilt hat, und der nun – auch weil er dieses simplifizierende Schwarz-Weiß selbst ein wenig bereut – eine neue Lehre verbreiten muss, die weit über die Grundkategorien von Gut und Böse hinausgeht.

Vor diesem Hintergrund kommt *Also sprach Zarathustra*[13] auf die Welt. Ein noch für uns Heutige mysteriöses Buch,[14] da es grundlegend abweicht – buchstäblich neben der Spur liegt –, und zwar sowohl in der Geschichte der Philosophie wie auch im Werk Nietzsches selbst. »Ein Buch für Alle und Keinen«, mehr »Inspiration« als logische Konsequenz; ein Versuch, sowohl den lebensfremden Idealismus als auch jedwede positivistische Philosophie zu überwinden.

Es ist in allegorischer, poetischer, ja nahezu symphonischer Form geschrieben, und viele werden den *Zarathustra* mit Blick auf eben-

13 Die Wendung »Also sprach...« ist der Weise entlehnt, in der vorsokratische Autoren in der Regel in ihre Schriften einführten.

14 Nicht zuletzt ein Buch, an dem sich viele philosophisch interessierte junge Menschen die Zähne ausbeißen und den häufigen Fehler begehen, mit diesem Buch zu beginnen, um in das Werk Nietzsches einzusteigen. Es ist vermutlich umgekehrt genau das *letzte* Buch, mit dem wir uns befassen sollten! Es ist jedoch möglich, es gleichzeitig mit anderen Werken zu lesen und es bildet die poetische, mystische und künstlerische Version und das Gegenstück zu seinem strikter philosophischen Werk. Schließlich lehrt uns Aristoteles, dass die Poesie auch eine reiche Quelle der Wahrheit ist.

diesen Stil sofort in die Kategorie geistlich-religiöser Schriften einordnen wollen. Durch die Gestalt des weisen Propheten Zarathustra, des einsamen Mannes aus den Bergen, der, von einem Adler und einer Schlange als Gefährten begleitet, zu den Menschen herabsteigt und leuchtet, wie die Sonnenstrahlen auf die Erde, gibt Nietzsche der Menschheit ein Buch an die Hand, dessen Philosophie unbestreitbar eine tatsächlich religiöse Konnotation hat. Heinrich Köselitz, Nietzsches enger Freund und treuer Schüler, wird aus diesem Grund in Zarathustra die Möglichkeit einer neuen Religion nach Art etwa des Buddhismus sehen, das heißt einer Philosophie, die am Ende potenziell zu einer veritablen Religion auswachsen kann.

Wie wir bereits bei der Idee vom Tode Gottes gesehen haben, besteht Nietzsches Problem darin, der Menschheit ein Ziel und eine neue Werteordnung zurückzugeben; eine neue Art zu verstehen, was das Gute und was das Böse ist, nachdem die Religion ihre frühere Macht und ihren Einfluss auf das Leben der Menschen verloren hat (»Gott ist tot«). Es ist demnach die Aufgabe des Zarathustra, der Prophet einer neuen »Frohen Botschaft« für die Menschheit zu sein, nämlich der Verkündigung des Übermenschen, auf den sich der Mensch, gerüstet mit einem neuen Zweck und neuen Werten, die nicht auf das Jenseitige gerichtet sind, sondern in der Welt, also im Diesseits eingebettet wurden, hin orientieren wird.

Zwei Hauptthemen durchziehen also diesen neuartigen Zarathustra: Die *Ewige Wiederkehr* und der *Übermensch*. Zwei Konzepte, die es ermöglichen sollen, die Moderne zu überwinden und uns zur Vollendung der Philosophie (oder vielmehr zur Vollendung der Kritik der Philosophie, die Nietzsche unternimmt) zu führen: Die »Umwertung aller Werte«, die später in *Der Wille zur Macht* zum Ausdruck kommen sollte. Die Ewige Wiederkehr ist die neue (oder zumindest wiederentdeckte) Metaphysik, die der Menschheit gegeben wird. Und der Übermensch ist derjenige, der diese Metaphysik nicht nur versteht, sondern auch dank ihr und durch sie lebt. Auf diese Weise wird der Übermensch – endlich – zum *Schöpfer* in einem Himmel, der selbst hoffnungslos *unschöpferisch* geworden ist. Der Übermensch kann, als kreativ schaffensfreudiges Wesen, den Menschen hinter sich lassen, nämlich als Künstler. Deshalb ist Nietzsches *Zarathustra* auch und vor allem eine Philosophie für Künstler.

»Der Mensch ist ein Seil, geknüpft zwischen Thier und *Übermensch*, – ein Seil über einem Abgrunde. Ein gefährliches Hinüber, ein gefährliches Auf-dem-Wege, ein gefährliches Zurückblicken, ein gefährliches Schaudern und Stehenbleiben«, schreibt Nietzsche im *Zarathustra*. Der Übermensch wird beschrieben als die neue Aufgabe des Menschen, der er sich vollkommen widmen soll und die seiner irdischen Existenz schließlich ihren Sinn wiedergibt. Ohne das Ziel des Übermenschen läuft der moderne Mensch, gefangen in der geistigen Sackgasse eines atheistischen Zeitalters, Gefahr, unweigerlich in den fürchterlichsten Abgrund des Nihilismus zu stürzen.

Angesichts einer entzauberten Welt, die kein Paradies mehr kennt und verspricht, bleibt den Menschen nichts weiter übrig, als an die Möglichkeit eines Paradieses auf Erden glauben zu wollen – so entstehen alle gefahrvollen Doktrinen. Oder, im Gegenteil, er schmückt seine Seele mit heroischen und tragischen Vorstellungen. Revolution oder Übermensch: So könnten die Ideale zusammengefasst werden, die der Tod Gottes in die Herzen der Menschen für die Jahrzehnte nach seiner Verkündung pflanzen wird. Bevor wir uns genauer die Konzeption des Übermenschen bei Nietzsche anschauen –

ein Begriff, der wie vieles Andere bei Nietzsche häufiger zitiert als verstanden wird –, wenden wir uns zunächst einem weiteren Essenziellen in Nietzsches Philosophie zu. Das Ideal des Übermenschen – dieses neue, der Menschheit vorgegebene Ziel – ist nämlich erst die Konsequenz dieses Essenziellen. Besser noch: Es ist seine Projektion.

IX. Die Wahrheit zwischen Meer und Bergen

Die Zeit nach *Also sprach Zarathustra* ist für Nietzsche die fruchtbarste, schaffensfreudigste Epoche seines Lebens. Es ist die Zeit, in der er seine wesentlichen Werke erschafft; jene, die den größten Einfluss haben und die ihn in das Pantheon der westlichen Philosophie befördern werden. Der nietzscheanische Stil, der ihn von anderen (vor allem deutschen) Philosophen unterscheidet, ist endlich so weit ausgeprägt, dass man sagen kann, Nietzsche hat es hierin zu einer Meisterschaft gebracht. Mit Ausnahme von Schopenhauer sind die deutschen Philosophen im Allgemeinen keine brauchbaren Schriftsteller; ihre Prosa ist zu schwer und oft noch schwerer zu lesen, während Nietzsche mit Fug und Recht als einer der größten Schreiber der deutschen Sprache gelten darf. Als er jünger ist, fürchtet er jedoch, keinen lesenswerten und originellen Schreibstil zu haben. Dies ist ein Thema, an dem er lange arbeitet und sich immer mehr verfeinert. Der berühmte französische Naturforscher Georges-Louis Leclerc de Buffon schreibt, dass »der Stil der Mensch selbst ist« – dies ist ein Satz, den Nietzsche sicherlich ebenso gut hätte denken und schreiben können.

Ich werde, nach ein paar letzten Zeilen im Folgenden, mit der Wiedergabe rein biographischer Umstände abschließen, damit wir sodann noch eindringlicher zur Untersuchung der Philosophie Nietzsches übergehen können. Insbesondere zu dem, was als das Relevante für uns Adepten erscheint, um über unsere Gegenwart – über 120 Jahre nach dem Tod des Philosophen – fundierter nachdenken zu können.

Nach der Niederschrift von *Also sprach Zarathustra* lebt Nietzsche weiterhin zwischen den Schweizer Bergen, Italien und – das wird allzu oft vergessen – Südfrankreich. In Nizza verbringt Nietzsche die vielleicht glücklichsten und produktivsten Momente seines Daseins. Er verwendet für diese Stadt das schwer verständliche Adjektiv »halkyonisch«, mit dem er den azurblauen Himmel, die lichtflutende Sonne, das warme Wetter und den provenzalischen Mistral heraufbeschwor, der den Geist so rasch zu nähren beginnt. Hier kommt ihm eines Tages der Gedanke, eine Art »Kolonie« als Lebensgemeinschaft für die, wie er es nannte, »guten Europäer« zu schaffen; ein Phalansterium für überlegene Geister. Leider ist diese Denker-Kolonie ein Projekt, das er schnell aufgibt. Er kehrt in die Einsamkeit zurück, was an den Versuch heroischen Einsiedlertums grenzt.

Jedes Mal jedoch, wenn Nietzsche sich irgendwo länger niederlässt, schafft er ganz natürlich soziales Leben um sich herum: Er ist Professor an einer angesehenen Universität, was in kultivierten Kreisen nicht unbemerkt bleibt, und langsam macht er sich als Philosoph und Schriftsteller einen Ruf in ganz Europa. Im Gegensatz zum stereotypen Bild, das man sich allzu leicht von einem Nietzsche machen könnte, der zynisch, verbittert und zurückhaltend ist, gilt er tatsächlich als eher wohlgesinnt und sympathisch. Er lässt sich recht leicht in Gespräche verwickeln; vor allem von Seiten der Damenwelt, die ihn im Allgemeinen persönlich schätzt und als *Gentleman* mit ausschließlich wohlmeinenden Absichten empfindet. Im Jahr 1882 versucht Nietzsche sogar, Lou von Salomé, eine außergewöhnliche junge Frau, zu heiraten, aber sie lehnt ihn unter Hinweis auf ihrer beider (intellektueller) Unabhängigkeit und Freiheit ab. Später wird Nietzsche mit ein wenig Ironie feststellen, dass die großen Philosophen selten verheiratet sind und in der Regel keine Kinder haben. Ganz so, als ob die geistige Geburt ihres philosophischen Werkes ein natürlicher und notwendiger Ersatz für die biologische Fortpflanzung wäre.

Dieses soziale Leben, das Nietzsche beinahe schlafwandlerisch überall dort erlangt, wo er sich niederlässt, endet immer damit, dass er vom einen auf den anderen Tag abhaut, um anderswo Zuflucht in seiner Einsamkeit zu suchen. Er wandert umher wie ein ewiger Reisender, der nur seinen Schatten als einzigen Begleiter hat. Er *verbannt* sich selbst, wie er einmal mit Bitterkeit schreibt. Seine ständigen Wanderungen verdammen ihn somit zu einem Alleinsein, das umso überwältigender und außergewöhnlicher ist, als es sich hierbei nicht nur um ein soziales, sondern vor allem um ein intellektuelles Für-sich-Sein handelt. Nietzsche hat das stolze Bewusstsein, an Gestaden eines Denkens gelandet zu sein, die ihm als ersten Menschen kurz zuvor einen Zugang gewährt haben. Er sieht sich als Entdecker und Eroberer. Was die Originalität und die Größe seiner Philosophie ausmacht, ist gleichzeitig auch die Langsamkeit, mit der sie die Menschen seiner Zeit erreicht – wenn überhaupt. Deshalb kommt er zu dem Schluss, dass er eigentlich *posthum* geboren sei und dass seine Bücher erst ein Jahrhundert nach ihm gelesen und vor allem verstanden werden würden. Wir kommen darauf zurück.

In diesen Jahren zwischen Meer und Bergen schreibt er *Jenseits von Gut und Böse* (1886), dann *Zur Genealogie der Moral* (1887), *Der Fall Wagner* (1888), *Götzen-Dämmerung* (1888), *Der Antichrist* (1888) und *Ecce homo* (1888). In dieser Zeit arbeitet er auch an seinem Hauptwerk, *Der Wille zur Macht*, das aus vier Büchern bestehen, jedoch leider unvollendet bleiben soll. Dieses Werk muss als das Kernstück der Philosophie Nietzsches gelten, denn es ist ihm zu verdanken, dass sein Endziel verwirklicht werden kann: die Umwertung aller Werte. Es ist auch dasjenige Œuvre, in welchem Nietzsches Metaphysik deutlicher zum Ausdruck kommt und sich schlüssiger offenbart.

Der Wille zur Macht neigt jedoch dazu, unter dem akademischen Vorwand, Nietzsche sei bei seiner Abfassung nicht als systematischer Philosoph vorgegangen, unterschätzt zu werden. Um seine Philosophie nicht ernst nehmen zu müssen – und die harten Konsequenzen, die dies gegebenenfalls nach sich ziehen würde –, verstecken sich viele hinter der Idee, dass Nietzsche sich selbst oft widerspreche und jedenfalls kein philosophisches System hervorgebracht habe, das in der Lage wäre, die gesamte Wahrheit spiegeln zu können. Er sei im Grunde ein pittoresker und origineller Kopf, bei dem man einige schöne Aphorismen lese und einige starke und intellektuell anregende Ideen, aber niemals eine globale Vision des Kosmos übernehmen könne.[15] Dieses Vorurteil, das noch immer

15 Diese Art, Nietzsche missverstehen *zu wollen* und zu benutzen, ist unter den »kultivierten Philistern«, die heute noch an den Universitäten oder den angeblich »kulturellen« Medien (wie *Arte* oder *France Culture*) ihre triste Zeit absitzen, sehr verbreitet.

durch den zwielichtigen Verdacht der Nazi-Manipulationen belastet ist, die über *Der Wille zur Macht* schweben,[16] hält einem gründlichen Studium von Nietzsches Philosophie nicht stand. Martin Heidegger macht ihn zum letzten der großen Metaphysiker und widmet ihm ein ganzes Kapitel in *Holzwege* sowie weitere lange Analysen.

Falls Nietzsche tatsächlich – hier und da – die großen Philosophen, die ihm vorausgingen, verspottet, dann vor allem für ihre Vorliebe für geschlossene philosophische Weltdeutungen, in denen es oft unmöglich ist, die Nuancen, Paradoxien und Unwägbarkeiten erfassen zu können, aus denen das menschliche Leben nun einmal besteht. Das gesamte nietzscheanische Werk ist eine Kritik an der westlichen Philosophie und ihren Grundlagen, einschließlich der Idee einer rein abstrakten Wahrheit, aus der man stimmige Systeme deduktiv ableiten könnte. Das bedeutet nicht, dass Nietzsche, auch wenn er im beißenden Zynismus ebenso ausgezeichnet ist wie Voltaire, sich damit begnügt, seine Vorgänger gelehrig-dogmatisch in der Luft zu zerreißen. Nietzsches Kritik gesellt sich vielmehr zu

16 Nietzsches Schwester, Elisabeth Förster-Nietzsche, die sich zweifellos später den Ideen des Nationalsozialismus zugetan fühlte, veröffentlichte schließlich *Der Wille zur Macht* und beendete damit die Auswahl und vor allem die Abfolge der Aphorismen, die darin erscheinen sollten. Der Hinweis auf die angeblich verfälschende »NS-Schwester« ist jedoch eine untaugliche Kritik an *Der Wille zur Macht*, die vor allem geäußert wird, um sich der Betrachtung seines beunruhigenden Werkes zu entziehen. Nietzsches Schwester hat nämlich die Aphorismen, die darin erscheinen sollten, nicht gefälscht oder umgeschrieben. Sie hat diese lediglich zusammengestellt und in Form gebracht, was an ihrem Inhalt und ihrer Authentizität indes nichts zu ändern vermag. Zumal der Plan für die vier Bücher bereits von Nietzsche vorgegeben worden war, bevor er dem Wahnsinn verfiel. Domenico Losurdo weist anhand von Originaltexten sogar nach, dass Nietzsches Schwester eher dazu tendierte, die Äußerungen ihres Bruders zu mäßigen (!), und nicht, wie dummerweise erzählt wird, zu versuchen, sie im Nachhinein absolut »Nazi-kompatibel« zu machen.

seinen sonstigen gedanklichen Ansätzen. Im Lichte seiner Metaphysik, die auf den ersten Blick weniger systematisch, aber in Wahrheit ebenso vollständig ist wie die eines Spinoza, versteht man seine Anschuldigungen an die Adresse der Metaphysik und Gedankengebäude, die bis dahin als höchster Adel der westlich-europäischen Philosophie galten.

Es wird ferner gesagt, dass sich Nietzsche unentwegt widerspreche. Dabei wird daraus gerne ein Argument gegen seine Philosophie *als Ganzes* gemacht. Auch bei diesem Vorwurf handelt es sich um die Folge einer oberflächlichen Lektüre. Erstens wird das, was in seinem Werk manchmal auf den ersten Blick widersprüchlich zu sein scheint, absolut verständlich, wenn man die gesamte Entwicklung – einschließlich der chronologischen – seines Denkens berücksichtigt. Es ist nur natürlich, dass man je nach Alter und Reife nicht das perfekt Gleiche denkt. Legt man überkritisch zwei einzelne Aphorismen nebeneinander, die Nietzsche jedoch im Abstand von womöglich zehn Jahren niedergeschrieben hat, so mag in der Tat dieser Eindruck entstehen. Im Allgemeinen werden die Widersprüche Nietzsches jedoch überschätzt, die tatsächlich nicht so häufig und noch weniger wichtig sind. Sie heben vielmehr seinen typisch französischen – und in diesem Fall weniger deutschen – Geschmack hervor, der mit Andeutungen und Paradoxien spielt und im Geiste letztlich ganz Aristokrat und Literat des 18. Jahrhunderts geblieben ist.

X. Die Metaphysik des Willens zur Macht

Wir sollten zunächst versuchen, die Metaphysik Nietzsches zu verstehen, und in einem zweiten Schritt genauer in Augenschein nehmen, was eine menschliche Gesellschaft unmittelbar-physisch betrifft, die ihre aggressive Seite in der dekadenten und nihilistischen Moderne nicht verbirgt. Von dieser Moderne ist unsere heutige Zeit nichts anderes als eine morbide Zuspitzung, wohl ihr Endstadium.

Wie wir soeben beim Konzept der Ewigen Wiederkunft gesehen haben, ist die Welt für Nietzsche im Grunde dasselbe, was sie schon für Aristoteles war, nämlich ein unfassbares Universum ohne Anfang und Ende. Das ist die logische Schlussfolgerung der Kritik am regressiven Argument der finalen Kausalität der Schöpfung. Und in der Tat, wenn Gott die Antwort auf die Frage ist, wer die Welt erschaffen habe, dann lautet die zweite Frage zwingend: Aber wer hat Gott erschaffen? So könnte man immer weiter fragen, bis in die Unendlichkeit hinein. Theologen und Philosophen haben sich für dieses in die Absurdität führende Problem die Idee erdacht, wonach Gott als das erste Prinzip nicht seinerseits *erschaffen* worden ist, sondern vielmehr durch sich selbst ist. Das heißt, Gott existiert als *causa sui*, aus sich selbst heraus. Es handelt sich hierbei noch immer um das bedeutsamste Argument auf Seiten der Religiösen.

Wenn man nun die Logik dieses Arguments weiterverfolgt, muss man zugeben, dass das, was *causa sui* ist, notwendigerweise ewig sein muss. Denn wenn Gott sich zu einer bestimmten Zeit oder in einem bestimmten Raum selbst geschaffen hat, dann fragt man sich daraufhin, wer diese bestimmte Zeit und diesen bestimmten

Raum eingerichtet hat, in denen Gott sich wiederum selbst kreieren konnte. So beginnt das immer weiter rückschreitende Argument von vorn. Es ist auch unmöglich, logisch in Betracht zu ziehen, dass Gott aus dem Nichts hätte erschaffen sein können: Wenn das Nichts die Geburt Gottes zuließe, dann nur deshalb, weil es bereits etwas wäre, in diesem Fall eine Grundlage für den Schöpfungsakt.

Aber wenn das Nichts zu etwas wird, dann ist es nicht länger das Nichts. Das zwingt uns, zum regressiven Argument zurückzukehren, indem wir uns fragen, wer wiederum das Nichts erschuf, bevor Gott sich entschied, aus dessen Schoß in die Welt zu treten. Also muss die Ursache für Gott noch existieren. Wenn Gott aber ewig ist, dann deshalb, weil er auch unendlich ist und alles in sich selbst umfasst, denn wer sonst hätte die Dinge geschaffen, die um Gott herum existieren und die nicht er selbst sind? Und in welcher Zeitspanne? Und wenn Gott ihr Schöpfer ist, dann muss logischerweise anerkannt werden, dass es unmöglich ist, dass seine Schöpfungen außerhalb seiner selbst liegen, da er unendlich ist und die Unendlichkeit per Definition durch nichts anderes begrenzt ist. Das Ewige ist das Unendliche, und das Unendliche ist notwendigerweise alles. Dies ist Nietzsches *eigentliche*[17] Metaphysik, die der pantheistischen oder heidnischen (zumindest brahmanischen) Ideenwelt nahekommt.

Das Universum ist eine Ganzheit, in dem, wie Antoine Laurent de Lavoisier sagte, nichts neu erschaffen und nichts zerstört wird. Sondern alles wird durch ein Spiel von Kraft und Macht zwischen jenen transformiert, denen es gelingt, eine feste Einheit zu bilden, wie

17 Mit »eigentliche Metaphysik« meine ich, dass diese Lehre die Welt, die Seele und Gott zum Gegenstand hat.

etwa ein Baum, ein Bakterium, ein Stern oder ein Sandkorn, aber auch ein Mensch oder eine menschliche Zivilisation. Alles, was lebt, oder besser gesagt, alles, was existiert, erwacht zu einem Leben und folgt seinem eigenen Schicksal, bevor es sich eines Tages wieder auflöst und verschwindet, um dann an anderer Stelle wieder zu einer anderen existierenden Einheit zusammengesetzt zu werden, die ihrerseits erneut ihrem Schicksal folgen wird, und so weiter. Lebendiges wird dabei nicht bewegt von einem *Lebenswillen*, wie Schopenhauer gesagt hätte, sondern von einem *Willen zur Macht*, das heißt – vereinfacht gesagt – von der Neigung, seine Kraft und damit schließlich sein Leben ausprägen und einsetzen zu wollen.

Alles lebende Existente trägt Lebensenergie in sich und für Nietzsche ist dieses Leben eine *Macht*, eine *Kraft*. Er erklärt, dass »alle treibende Kraft Wille zur Macht ist« und dass »es keine physische, dynamische oder psychische Kraft außerdem giebt«. Manche Lebewesen besitzen viel davon, manche eher wenig, aber alle müssen – und *wollen* – dieser Macht, diesem Leben Ausdruck geben und es in die Welt hinausstrahlen lassen. Um es noch metaphorischer zu sagen: Das Leben ist wie ein Geldgeschenk unserer Eltern, vermacht unter der Bedingung, dass wir alles davon vor unserem Tod ausgeben. Das Leben *in uns* will ausgegeben bzw. verausgabt werden. Deshalb fordert es uns stets zum Wachstum, zur Expansion, zum Über-uns-Hinauswachsen auf und begnügt sich nicht mit der bloßen Konservierung des Lebens. Dieses Prinzip des Lebenden (bzw. des Universums oder Gottes) spricht in uns auf die Weise einer inneren, intrinsischen Motivation, die man Willen nennt. Existieren heißt, leben wollen und *das Leben* zu wollen; meint, seine Kraft zu entfalten. Damit ist die Essenz des Willens zur Macht beschrieben. Durch diesen Willen sind wir alle animiert. Womöglich vor allem diejenigen Menschen, die sich seiner nicht bewusst sind und naiv daran glauben, den Willen zur Macht unterdrücken zu können, indem sie nur nach dem »Guten« streben und sich altruistisch geben.

Wir sind auf den Willen zur Macht in dem Maße angewiesen, wie wir Akteure der Existenz und – buchstäblich – lebhafte Teilnehmer am Leben sind. Alles ist Wille zur Macht, weil alles dem vitalen Verlangen entspricht, die Kraft auszuleben, die in jedem von uns steckt. Im Maßstab des Menschlichen äußert sich dieser Wille immer und überall, wenn ein Mensch denkt, handelt, redet und sich bewegt. Jedes Mal, wenn irgendjemand *irgendetwas* tut, entfaltet er seine Kraft und er tut dies, um seine Macht zu erhöhen. Wenn ich meinen Schreibtisch aufräume, übe ich meine Kraft aus und baue meine Macht über dieses (hier: unbelebte) Umfeld aus.

An diesem Punkt sei darauf hingewiesen, dass eine nur schwache Kenntnis von Nietzsches Philosophie zur Annahme verleiten könnte, es gehe ihm final und um jeden Preis um Machtgewinnung über andere Menschen und deren Erniedrigung zugunsten des eigenen Selbst. Dieser Irrtum sieht das Konzept Wille zur Macht folglich nicht als metaphysische Beschreibung des allgemeinen Lebensprinzips, sondern als ethische Beschwörung, Verlockung zur Aggression gegen andere und praktischen Handlungsbefehl. Nach dieser trügerischen Lesart ist der Nietzscheaner ein unmoralisches, egoistisches Subjekt, das nur nach der eigenen Machtvergrößerung giere, während sich die anderen Menschen »freundlicherweise« und ganz selbstlos dieses Strebens enthielten. Es ist aber diese dümmliche Auffassung vom Denken Nietzsches, nach der die prototypische Karikatur des »Nietzsche-Faschisten« im 20. Jahrhundert geformt worden ist, dem es ausschließlich um physisch-militärische oder politische Machtexpansion gehe. Richtig ist jedoch: Der Wille zur Macht ist die innere Motivation, die prinzipiell jedes Lebewesen in seiner irdischen Existenz teilt, denn es handelt sich um die metaphysische Essenz alles Lebendigen.

Bereits Schopenhauer hatte verstanden, dass das individuelle Leben von einem inneren Streben unterstützt und geleitet wird, das jedoch überwiegend unbewusst wirkt. Dieses Unbewusste nannte er »Wille zum Leben«, gedacht als universeller Lebensdrang. Im Unterschied dazu erläutert Nietzsche, dass das Leben auf Machtentfaltung drängt und nicht bloß auf Erhalt angelegt ist. Zahlreiche Fälle zeigen, wie der expansive Wille zur Macht über einen selbstgenügsamen Willen zum Leben hinausgeht. Wenn sich das Leben in seiner größtmöglichen Intensität ausdrückt, etwa im Krieg, in der Liebe oder in einem schöpferischen – vielleicht auch aufopfernden – Akt, dann riskiert es sich und verkürzt sich wissentlich selbst durch seinen eigenen Exzess, der letztendlich ein Exzess der Kraft ist. Ein Leben, das exklusiv darauf aus ist, sich selbst im Status quo zu bewahren, beweist nichts anderes, als dass es nicht genügend Kraft aufbringen kann und weder reichlich noch frenetisch in Erscheinung zu treten vermag. Je exzellenter ein Leben ist, das heißt, immer wenn es am stärksten und schönsten ist, desto fragiler und schließlich *sterblicher* ist es.

Der Unterschied zwischen den Menschen, die intensiv leben und all den anderen, die sich vor allem passiv selbst erhalten wollen, liegt nicht qualitativ-essentialistisch in der Veranlagung der inneren Motivation, sondern quantitativ darin, ob der Wille zur Macht in ihnen so stark wirkt, dass er ihnen das nötige Rüstzeug zur Kraftentfaltung nach außen bietet. Greifen wir erneut die Metapher vom qua Geburt von den Eltern geerbten Geld auf: Einige haben von Anfang an viel Geld, andere weniger; einige gehen beim Geldausgeben sehenden Auges enorme – aber bei gutem Ausgang gewinnversprechende – Risiken ein, während andere lieber vorsichtig und zurückhaltend ihren Geldbetrag anlegen oder sogar (auf-)sparen. Mit dem Leben in uns verhält es sich nicht anders. Trotz allem bedeutet diese vergleichende Beobachtung nicht, dass die in der Lebensführung moderateren, risikoaversen Menschen keinen Willen zur Macht besäßen. Seiner Art nach schlummert dieser Wille auch in ihnen, aber eben nur in schwächerer Intensität. Auch dieser Wille strebt seinem Zweck gemäß nach möglichster Expansion, jedoch mit Hilfe anderer Mittel und auf anderen Pfaden, nämlich im Einsatz sparsamer, bescheidener und oftmals über längere Umwege.

Unter diesen Umständen kann der Wille zur Macht jedoch degenerieren.

Dieser schrittweise Niedergang und das seit langem anhaltende Verschwinden des Willens zur Macht ist das wohl augenfälligste Symptom der Krankheit Europas in der Gegenwart. Der vitale Wille schwächt sich ab durch entgegenstehende, angeblich »intellektuelle« Strömungen, die durch permanentes Proklamieren von zivilisatorischer Schuld und dem damit einhergehenden Einreden von Schuldgefühlen dabei sind, gesundes Leben an der Entfaltung seiner natürlichen Kraft zu hindern – und zwar, wo es nur geht.

Manchen verspricht es nachgerade einen perversen Genuss, die Umkehrung naturgegebener Instinkte als akademischen Sport zu betreiben, was nicht anders als libidinös zu begreifen ist, nämlich unter Verweis auf den Lustgewinn von psychopathologischen Persönlichkeiten, die sich in ihrem Dasein von der Natur und allem Natürlichen vollkommen entfremdet haben. Mit all ihren psychosozialen Defekten sind diese Figuren besessen nach Unterwerfung und methodischer Selbstzerstörung. Wenn derartige Phänomene erkennbar werden, sind sie gemäß Nietzsche untrügliche Vorboten einer tiefgreifenden, zersetzenden Dekadenz. In *Ecce homo* schreibt er:

»Wenn man den Ernst von der Selbsterhaltung, Kraftsteigerung des Leibes, das heisst des Lebens ablenkt, wenn man aus der Bleichsucht ein Ideal, aus der Verachtung des Leibes ›das Heil der Seele‹ construirt, was ist das Anderes, als ein Recept zur décadence? – Der Verlust an Schwergewicht, der Widerstand gegen die natürlichen Instinkte, die ›Selbstlosigkeit‹ mit Einem Worte – das hiess bisher Moral.«

Bevor wir die Bedingungen und Umstände dieser Degeneration und Perversion des Willens zur Macht genauer betrachten, müssen wir zwingend verstehen, dass es verschiedene Arten und Weisen gibt, diesem Willen Ausdruck zu verschaffen. Weil er sich in sämtlichen menschlichen Handlungen wiederfindet und irdischer Existenz inhärent ist, müssen wir den Mut zur Klarsicht aufbringen, im barmherzigen Menschen, der sein gesamtes materielles Vermögen den Bedürftigen spendet, dasselbe metaphysische Phänomen zu erspüren, wie bei dem Barbaren, der eine gewaltsam unterworfene Stadt ausplündert. Aus beiden Fällen spricht unmissverständlich der Wille zur Macht; selbstredend in verschiedenen Sprachen der Moral, aber das urmenschliche Verlangen, seine Handlungsfähigkeit und Macht in Einsatz zu bringen und »ausströmen« zu lassen, ist in dieser Parallelität zu beobachten. Der Wille zur Macht kann demnach sehr wohl eine – vorgeblich – *moralische* Kapazität sein, etwa wenn man als »moralischer Mensch« seine eigene Zufriedenheit mit sich selbst oder sein Ansehen in der Gemeinschaft steigern will. Dieser Altruismus gilt gemeinhin als »gut«, ist aber als Wille zur Macht deutlich erkennbar und zum Befördern des eigenen Wohlbefindens und Ansehens eben nicht perfekt selbstlos.

Die Frage nach dem Willen zur Macht ist also weniger die Frage, ob es Menschen gibt, die ihn stark ausgeprägt in sich haben (und die aufgrund unserer christlichen Werte daher als verwerflich gelten), während andere diesen Willen entbehren (was, wie wir gesehen haben, grundsätzlich falsch ist: jeder ist Träger des Willens). Bedeutsamer ist vielmehr die Frage, nach welchen ethischen Kriterien und Maßstäben wir die verschiedenen Ausprägungen des Willens zur Macht beurteilen müssen. Ebenso muss stets beachtet werden, welche Motivationen und Gründe vorgebracht oder vorgeschützt werden, um diese in einer gegebenen Situation zu rechtfertigen.

Fassen wir an dieser Stelle das komplexe metaphysische Konzept des Willens zur Macht thesenartig zusammen:

Das Universum ist ein großes, unendliches und ewiges Ganzes, zusammengesetzt aus Kräften, die auf- und gegeneinander stoßen, sich verausgaben und sich immer wieder neu zusammenfügen.

Diese Kräfte streben nach ständiger Entfaltung und Expansion durch das Medium der Existenz, getragen von einer internen Motivation, die wir den Willen zur Macht nennen.

In ihrer irdischen Existenz sind alle (menschlichen) Geschöpfe Träger dieses Willens zur Macht.

Es gibt mehrere Wege und Weisen der Machtausübung und -steigerung, weil verschiedene Ebenen und Formen von Macht und Kraft existieren.

Die wichtigste philosophisch-moralische Frage lautet, nach welchem Urteil und nach welchen Kriterien Ausflüsse des Willens zur Macht eingeordnet werden, um allgemeinere Werte daraus ableiten zu können und schließlich festzustellen, was wir »gut« und »böse« nennen.

Jedenfalls muss der Beobachter nach den *wahren Gründen* fragen, um aus menschlichem Verhalten Werte zu schöpfen. Diese Motive verstecken sich regelmäßig hinter den vorgeblichen und offenkundigen. Zu fragen ist: Warum wählt dieser Mensch in dieser gegebenen Lage diese Manifestation des in ihm latent vorhandenen Willens zur Macht? Dabei braucht es ein Bewusstsein dafür, dass dieser Wille niemals völlig verschwindet, aber oftmals degeneriert, sich pervertiert und – schlimmer noch – sogar lebensbedrohlich sein kann.

XI. Ein Moralist

Ausgehend von der Metaphysik des Willens zur Macht ist Nietzsche ein *Moralist*, das heißt seine Philosophie wird zur Moralphilosophie.

Um zu verstehen, warum ich von Nietzsche als einem Moralisten spreche, muss man zunächst die französische Tradition der großen Moralisten des 17. Jahrhunderts kennen, deren Hauptvertreter Jean de La Bruyère, Luc Marquis de Vauvenargues, Nicolas Chamfort, Bernard le Bovier de Fontenelle und vor allem François de La Rochefoucauld sind. Nietzsche schreibt, dass man mit der Lektüre der Genannten näher am antiken Denken sei, als mit jedem anderen Autor; egal aus welchem anderen Land: »[S]ie wären, griechisch geschrieben, auch von Griechen verstanden worden.« Weiß man um die Ehrerbietung Nietzsches und seiner kultivierten Zeitgenossen für die griechische Antike, so erkennt man leicht dieses ernstgemeinte und hochlobende Kompliment.

Diese französischen Moralphilosophen stammten aus einer aristokratischen Gesellschaft und genossen eine rundum katholische Erziehung und Ausbildung, waren dabei jedoch unbeschränkt frei im Geiste. Sie stellten den mustergültigen Typus eines elitären Menschen dar, der einst den Edelmann Frankreichs treffend charakterisierte. Dieser Typ – ihn haben die Heutigen allzu leicht und gerne vergessen – ist das Ideal des absolut Männlichen und der Universalbildung, die im Gegensatz zur modernen Spezialisierung steht. Der Edelmann ist vornehm, aber gleichzeitig auch ein Krieger. Er ist ebenso kultiviert wie lebenskräftig und tapfer; Philosoph und Christ, also von einer starken Spiritualität. Kurzum, dieses Ideal umschreibt den »kompletten«, perfekten Mann, wie er uns in der großartigen Geschichte Europas oft entgegentritt.

In den Kreisen dieser französischen Edelleute des 17. und 18. Jahrhunderts wurden Moralphilosophen gezeugt, die zu den großartigsten Beobachtern der Seele des Menschen und seiner Gesellschaft gehören und neben denen unsere gegenwärtigen »Experten«, unsere Soziologen und Psychologen wie Scharlatane oder blutige Anfänger wirken. Mit einer Klarsichtigkeit in ihrem Urteilsvermögen gesegnet und vortrefflich in der Meisterschaft, alle Nuancen und Facetten des Charakters ihrer Zeitgenossen zu erkennen, waren diese Denker hervorragend darin, das (Unter-)Bewusstsein zu obduzieren und dabei insbesondere die Lügen aufzudecken, die der Mensch sich selbst oft einredet.

Nehmen wir zum Beispiel La Rochefoucauld, der wohl der Hervorragendste unter diesen Moralisten ist. Als er in seinen berühmten *Maximes* schrieb: »Man beschuldigt sich nur, um gelobt zu werden«, da brachte er ans Tageslicht, was sich hinter einer scheinbaren Bescheidenheit verbirgt – nämlich nichts weiter als ein Verlangen danach, von anderen Menschen dafür gelobt zu werden. Wenn er schreibt: »Es gibt Menschen, die sich nie verlieben würden, wenn sie nicht Gespräche über die Liebe gehört hätten«, entdeckt er eine tiefer liegende Wahrheit in der menschlichen Seele mit einem Scharfblick, der beinahe grausam anmutet.

La Rochefoucauld besitzt einen feinen und analytischen Blick, der sich nicht zurückhält, auch Ausflüchte, Bigotterie und Heuchelei aufzuspüren: »Unsere Tugenden sind meist nur verkleidete Laster.« Wir bemerken hier, dass La Rochefoucauld tatsächlich ein Vorfahre im Geiste Nietzsches ist. Warum? Beide teilen den Gedanken, dass das, was wir unsere Tugenden, unsere guten Absichten und unsere schönen Ideen nennen, in Wahrheit von vielen anderen Motiven inspiriert ist als von denjenigen, die wir uns selbst vorgaukeln zu haben oder die wir gegenüber anderen Menschen glauben machen wollen. Weiter schreibt La Rochefoucauld: »Nichts ist seltener als wahre Güte; selbst jene, welche glauben, sie zu besitzen, besitzen in der Regel nichts als Gefälligkeit oder Schwäche.« Hiermit zeigt er auf, was sich im Allgemeinen hinter dem versteckt, was wir das Gute, Freundliche oder Tugendhafte nennen. Kaum anderes unternimmt Nietzsche zweihundert Jahre später.

Nietzsche, der La Rochefoucauld bewundert, reiht sich in diese Tradition der großen französischen Moralisten ein. Einer der wohl bedeutsamsten Bestandteile seiner Philosophie besteht darin, sichtbar zu machen, was die Menschen – oft unbewusst – hinter ihren großen Prinzipien, ihren hehren und noblen Ideen, ihrer Moral, ihren Idealen und vor allem ihrer Nächstenliebe verbergen. Seine Kritik an der westlichen Philosophie geht über den Umweg (oder die Abkürzung?) der Psychologie: Nietzsche zeigt den *Menschen* hinter der Idee, die wahre Intention hinter der vorgeblichen, den Instinkt hinter der Schutzbehauptung und schließlich den Willen zur Macht. Dieser Wille entfaltet sich mit Vorliebe hinter einer betont ohnmächtigen und angeblich rein intellektuellen Fassade. Gegen dieses heuchlerische Antlitz richtet Nietzsche seine heftigsten Schläge.

XII. Genealogie der aristokratischen Moral

In seinem Werk *Zur Genealogie der Moral* (1887) zeigt sich Nietzsche am deutlichsten als Moralist, das heißt als Moralphilosoph im klassischen Sinne. Die Herkunft moralischer (Vor-)Urteile beschäftigt ihn bereits seit Längerem und wir finden Gedanken hierzu bereits in *Menschliches, Allzumenschliches*, *Morgenröte* und *Die fröhliche Wissenschaft*. In der *Genealogie* werden die »Gedanken über die moralischen Vorurtheile«[18] endlich in den Vordergrund gerückt: Woher stammen unsere Überzeugungen, ja unsere Glaubensgewissheiten zu den Grundkategorien »gut« und »böse«?

Weil vieles in der Alltagsvernunft schlicht etablierte Gewohnheit geworden ist, fragen die meisten Menschen niemals nach dem Ursprung unserer moralischen Werte und erst recht nicht nach dem

18 So lautet der Untertitel von *Morgenröte* (1887).

Wert dieser Werte. Gemeinhin wird nach oberflächlicher Reflexion angenommen, das Gute sei daran zu erkennen, dass es einen Nützlichkeitswert für die Gemeinschaft, wenn nicht sogar für die gesamte Menschheit hat. Das Böse ist hingegen dasjenige, was einer Gemeinschaft zum Nachteil gereicht und vielleicht sogar schadet. Was gut und wertvoll ist, ist dem Anderen nützlich oder angenehm, so denkt man. Was böse oder schlecht ist, schadet ihm oder ignoriert ihn.

In Wahrheit aber ist diese angeblich natürliche Intuition nichts weiter als ein *Vorurteil* – ein voreiliges Urteil –, das sich über die Zeit verfestigt hat. Moralische Konzeptionen haben, so gesehen, eine Genealogie, also eine eigene Geschichte, deren Untersuchung uns enthüllt, woher diese Vorurteile kommen und wie sie erschaffen worden sind. Diese Entstehungsgeschichte kann uns zeigen, wer bestimmte »Moralen« befördert und verteidigt hat und warum diese Konzepte schließlich im Bewusstsein der Mehrheit verankert worden sind. Um zu wissen und zu beurteilen, ob unsere Vorstellungen vom Guten und Bösen richtig und wahr sind, müssen wir die Treppe ihrer Genealogie hinabsteigen und herausfinden, was oder wer an ihrem Ursprung steht. Dann erkennen wir, was es in Wahrheit mit ihnen auf sich hat.

Wir wollen uns zunächst konzentrieren auf die klassische Konzeption von »gut« und »böse«, wie sie in der Bevölkerung weit überwiegend geteilt wird und wie sie bei den angloamerikanischen utilitaristischen und pragmatischen Denkern des 19. Jahrhunderts vorherrscht. Die allgemeine Überzeugung geht dahin, wie wir bereits gesehen haben, dass das Gute einem anderen Menschen wohltut bzw. nützt und dass das Urteil »Das ist gut« von denen herrührt, die von ebendiesem Guten profitieren (können). Wir glauben regelmäßig, es sei immer derjenige, der Gutes empfängt oder dem Gutes widerfährt, also der Passive, der letztlich urteilt und festlegt, was als Gutes oder Böses zu gelten habe. Wenn ich jemandem helfe, etwa indem ich ihm etwas Geld zum Essenskauf gebe, ist es allein an diesem anderen, Anerkennung für meine Tat zu äußern und damit erst zu bestimmen, ob das, was ich ihm gerade getan habe, gut war. Entscheide ich mich hingegen, ihn zu verprügeln, ist es ebenfalls immer er allein, der mein Verhalten als böse bewertet. Am Ursprung von gut und böse steht, jedenfalls dieser gemeinen Annahme gemäß, stets die natürliche und spontane Reaktion des Menschen, der empfängt und demnach der Nutznießer eines bestimmten Verhaltens ist. Er entscheidet (*a posteriori*), was gut und böse ist, je nachdem, welches Wohl oder welche Vorteile er aus einem Verhalten ziehen konnte.

Nietzsche ist der Überzeugung, dass sich in dieser Grundannahme bereits der schwerwiegendste Fehler, das heißt das schwerste Vorurteil manifestiert. Es kann niemals der Passive – der Empfänger – sein, der als erster und zugleich abschließend urteilt, sondern dies vermag vielmehr der Aktive, der tut und gibt. An erster Stelle steht der Dominante, das heißt derjenige, der handelt und der die *Macht zum Handeln* hat. Dieser Mächtige schätzt selbst ein, ob das, was er tut oder sagt, Gutes ist. Dieser Perspektiven- und Stellungswechsel verändert unsere Sichtweise auf die moralischen Kategorien beträchtlich.

Nietzsche beginnt damit, eine geniale Unterscheidung zwischen dem Gegensatz gut/böse und dem Gegensatz gut/schlecht herauszuarbeiten. Er stellt fest, dass das, was wir semantisch als etwas Positives, eben als Gutes auffassen, in Gegensatz zu zwei verschiedenen negativen Elementen treten kann, die nicht dasselbe bezeichnen. Aus ethischer Sicht haben wir nur eine kategoriale Bezeichnung, um etwas als positiv zu kennzeichnen, aber zwei Benennungen für Negatives: das *Böse* und das *Schlechte*. Diese eigentümliche semantische Beobachtung weist auf eine genealogische und moralische Wahrheit hin.

Um diese moralische Realität zu verstehen, die sich hinter der Unterscheidung gut/böse und gut/schlecht verbirgt, weist Nietzsche auf historische Argumente hin, die nicht nur überaus anschaulich sind, sondern auch hilfreich und überzeugend. In der frühesten Menschheitsgeschichte entdecken wir oftmals eine kleine Anzahl kriegerischer, umherwandernder Populationen, die sich gegenüber zahlreicheren, jedoch friedliebenden agrarischen Bevölkerungen behaupten und letztere sogar erobern und sich Untertan machen. War eine Eroberung und Unterwerfung erfolgreich, setzt sich das Kriegsvolk als herrschende Kaste – als Aristokratie – fest, um die arbeitenden Massen einfacher Leute zu dominieren. Die Weltgeschichte hält tausende von Beispielen zur Illustration dieses Phänomens von Unterwerfung und Kastenbildung bereit.[19] Beinahe jeder Fall ist grundähnlich: Immer finden wir eine Minderheit von Herr-

19 Die Indo-Arier im alten Indien unterwarfen die Draviden; die Achaier und später die Dorer überrannten die Heloten in Griechenland; die Kelten unterwarfen die ursprünglichen und autochthonen Populationen im Süden und Westen Europas; die Römer herrschten über sämtliche Völker im Mittelmeerraum; die Germanen wurden zum Adel des Westens und beherrschten die bäuerlichen Massen für mehr als ein Jahrtausend; auch die Araber mit ihren islamischen Eroberungszügen, setzten sich als kriegerische Herrscherkaste im Mittleren Osten und in (Nord-)Afrika (zum Beispiel als Tuareg) durch und stützten sich regelmäßig auf priesterliche bzw. agrarische Völkerschaften.

schern über eine Mehrheit von Beherrschten, ja oftmals völlig rechtlose Sklaven. Weiter ist feststellbar, dass selbst in Gesellschaften, die nicht einem Eroberungszug entsprungen sind, mit der Zeit auf natürliche Weise solche Hierarchien ausbilden. Fast immer entstehen auf diese Weise Gesellschaften und Kulturen, deren Morphologie sich als Pyramidenform zeigt.

Die Dominanten formieren sich als Klasse der Meister, der Aristokraten und der Starken. Sie fechten Kriege aus, befehlen, errichten Bauwerke und schlagen Gewinn aus ihrer Herrschaft. Die Kulturen, die noch keine erstarrten Zivilisationen sind, verdanken ihnen oftmals großartige Schwungkraft und Impulse, die ihnen erst Leben einhauchen und sie sodann am Leben halten.

Weil sich diese dominanten Individuen in der Position befinden, darüber bestimmen zu können, was das Gute ist, so stützen sie ihr moralisches Urteil notwendigerweise darauf, *was sie sind* und *was sie tun*. Sie sind Krieger; demnach stehen männliche und kämpferische Werte hoch im Kurs und sind folglich gut. Da sie ihre Herrschaft auf Gewalt gründen, sehen sie Gewalt als das Richtige an. Sie riskieren wagemutig ihre Leben und daher verehren sie den Wettstreit und Wettbewerb. Für sie schlägt der Stolz die fade Bescheidenheit, weil sie selbst stolz sind. Die Aristokratie hält sich von der Masse fern, deshalb erscheint ihr die Ungleichheit und die Distinktion gottgegeben. Sie ist weniger zahlreich und für sie zählt die Seltenheit, das Außergewöhnliche und Besondere mehr als die Herde, die Gleichheit und das Gemeinschaftliche. Die dominanten Edlen erklären sich selbst zu Gerechten, Wahrheitsliebenden, Schönen und Großartigen und verkörpern – wohlgemerkt: in ihren Augen – das Gute in seiner ganzen Pracht.

Für sie ist allein der Gegensatz gut/schlecht maßgebend. Das Böse ist ein Begriff, den sie nicht kennen *können*, weil sie zutiefst davon überzeugt sind, dass die Natur perfekt und frei von boshafter Sünde sei – wie könnte es aus ihrer »Gewinner-Sicht« auch anders sein? Die Aristokraten sehen in sich selbst Ebenbilder oder zumindest makellose Kinder ebendieser vollkommen guten Natur. Sie haben mit ihrem Leben Erfolg in dieser Umwelt, die ihnen großzügig und gönnerhaft entgegenkommt. Es verhält sich, dass die Starken die Natur nicht anders als lieben können. So wie es nahezu ausgeschlossen erscheint, die Mutter zu hassen, die einem stets gut war und viel Liebe geschenkt hat. Selbst wenn ihnen etwas misslingt oder sie scheitern, hören sie nicht auf, das Leben als im Grunde unschuldig an ihren Rückschlägen anzusehen. Darin liegt der Sinn der Tragödie, die niemals das Leben als solches wegwirft, sondern im Gegenteil lernen kann, es so zu akzeptieren, *wie es nun einmal ist*: mit all seinem Geschick, seinem Fatum und auch seiner Bestimmung.

Wenn demnach diese aristokratische Moral nicht das Böse als Kategorie kennt, so erkennt sie gleichwohl das Schlechte, nämlich die negative Abweichung von allem Guten, Schönen und Richtigen – also jedes Zurückbleiben hinter ihrer eigenen Vollkommenheit. Das Schlechte bedeutet die Antithese zu dem, was der Aristokrat selbst ist: Wenn der aristokratischen Moral das Gute in Stärke, Schönheit, Freiheit, Vornehmheit, Wettbewerb, Heldentum und Erlesenheit besteht, dann sind im Gegensatz hierzu Mittelmaß, Kleingeistigkeit, Hässlichkeit, Unterordnung, Pöbelhaftigkeit, Ohnmacht, Herdentrieb, Gewöhnlichkeit und Schwäche das Schlechte.

Es ist wichtig, festzuhalten, dass die Aristokraten keinen *Hass* für das Schlechte hegen, sondern sie zeigen ihm gegenüber – im schlimmsten Fall – Geringschätzung und Ignoranz. Ihre natürliche Reaktion auf das Schlechte ist im Allgemeinen, alles dafür zu tun, um sich von ihm fernzuhalten. Das Schlechte wird zum essentialistisch Unberührbaren.[20] Dennoch kommt es regelmäßig vor, dass die Dominanten – wohl aus einem Überfluss von Stärke und Wohlstand herrührend – das intrinsische Verlangen verspüren, den Menschen, die in die Schwäche hineingeboren wurden, zu helfen. In der griechischen Sprache etwa existieren Wörter, deren semantische Herkunft darauf hinweisen, dass mit ihnen (jedenfalls einst) sowohl der »gemeine Mann«, der bedauernswert schwach ist, als auch der »schlechte Mann« bezeichnet wurden. Aus der Höhe ihrer überstrahlenden Größe sehen die Aristokraten mit Nachsicht auf die Armen und Bedürftigen herab und können Mitgefühl zeigen. Auch im deutschen Sprachgebrauch kann »gemein« so viel wie einfach, schlicht, klein und »normal« bedeuten, aber auch »boshaft« oder »fies«.

Laut Nietzsche finden wir ein treffliches Anschauungsobjekt für diese Art aristokratischer Moral, sogar in institutionalisierter Form, im sogenannten *Gesetzbuch des Manu* (*Manusmriti*) aus der altindischen Tradition. In diesem Kodex werden für jede Kaste in der (alt-) indischen Gesellschaft differenzierte, aber bestimmte soziale Rechte und Pflichten festgeschrieben.

Nach alldem stellt sich uns folgende Frage: Wenn diese aristokratische Ethik die ursprüngliche, antike Moral gewesen ist, die am

20 Vor dem Hintergrund der aristokratischen Moral erklärt sich leicht die Bezeichnung »Unberührbare« (*intouchables*) für die niedrigsten Menschen in Indien, die außerhalb des sozialen Kastensystems stehen.

Anfang einer jeden großen Kultur stand und diese zumindest bis zum Zeitpunkt ihrer Hochblüte erfolgreich begleitete, wie konnte es dazu kommen, dass wir Heutigen das exakte Gegenteil einer solchen Moral verinnerlicht haben? Warum erscheint uns diese alte Ethik nunmehr als herablassend, abscheulich und sogar unmenschlich? Wie konnten sich die Wertvorstellungen dieser Moral der Vorväter in ihrer Genealogie derart »drehen«?

XIII. Die Sklavenrevolte in der Moral

Die aristokratische Moral wurde verworfen und kommt uns heute als Unmenschlichkeit par excellence vor, obwohl wir ihr wohl die beeindruckendsten und ehrwürdigsten Leistungen der Menschheit zu verdanken haben. Dieser Umbruch ist dem Aufstand der Sklaven *in* der Moral und *gegen* die Moral geschuldet.

Um diesen Umsturz nachvollziehen zu können, müssen wir uns an zwei vorausgesetzte Wahrheiten aus der Metaphysik des Willens zur Macht erinnern: Zum einen besitzen alle Menschen diesen Willen zur Macht, der sie antreibt, das zu schützen und zu befördern, was sie selbst sind (außer in Fällen von mentalen Umnachtungen und Perversionen). Zweitens werden die vorherrschenden Werte von denjenigen Menschen etabliert, die aktiv handeln und nicht bloß passiv empfangen. Die Schöpfer einer Moral verleihen sich selbst die Qualifikation des Guten und lassen sich dabei von dem leiten, *was sie selbst sind*. Sie machen sich selbst zum Ideal.

Ausgehend von diesen Gewissheiten, muss man sich nur anschauen, was im Gegensatz und als Widerpart zum Aristokraten existiert, um einzuschätzen, wie genau und aus welchen Gründen die alten Werte in ihr Gegenteil verkehrt werden konnten.

Auch der Schwache, der Miserable, der Gewöhnliche, der Mensch, der sich von anderen dominieren lässt, trägt den Willen zur Macht in sich; allein schon aufgrund seines Willens zum (Über-)Leben. Auch dieser niedere Mensch *will* Macht, wie alles, was existiert. Er strebt – genau wie der Aristokrat – danach, Herrschaft auszuüben, jedoch schafft er es nicht, in eine dominante Position zu gelangen in einer Gesellschaft, die durch die aristokratische Moral reguliert wird. Dieser Mensch ist zu schlecht (im Sinne dieser Ethik), um über die Starken zu triumphieren. Er ist oftmals sogar zu feige, um die Dominanz der Aristokraten anzufechten und selbst zum Krieger zu werden und sich damit *de facto* zum kriegerischen Edlen aufzuschwingen.

Wie also kommt man unter diesen erdrückenden Umständen an die Herrschaft? Der Schwache muss für seinen Machtanspruch unweigerlich andere Mittel und Wege finden als solche, die den Aristokraten ihre soziale Superiorität ermöglichen. Der Trick hierzu ist so simpel wie genial: Der Schwache macht sich daran, die bislang dominierenden Werte in ihrem materialen Gehalt umzukehren. Er stellt die Selektionskriterien für Dominanz einfach um.

Ist dieser Schwache im Lichte der aristokratischen Moral der Schlechte, so muss er diesen zuschreibenden Begriff eliminieren, indem er ihn durch den neuen Ausdruck des »Bösen« ersetzt – die Zuschreibung »schlecht« ist als genuin aristokratischer Distinktionsbegriff »verbraucht« – und sich selbst zum veritablen Guten erklärt. Der Sieg dieses »Zaubertricks« ist ideengeschichtlich dem Juden- bzw. Christentum als religiösen und sozialen Bewegungen zuzuschreiben.

Nietzsche lehrt uns, dass mit dem ursprünglichen, »fundamentalen« Christianismus (dem Glauben der Katakomben, der im Gegensatz zum späteren »solaren« steht, um eine Unterscheidung Julius Evolas aufzugreifen) eine totale Inversion der aristokratischen Werte Einzug in die abendländische Geistesgeschichte gehalten hat. In der Gefolgschaft Paulus' von Tarsus, sodann der Kirchenväter und Theologen wie Tertullian, sind es plötzlich der Geringe, der Versager, der Kranke, Leidende und Behinderte, der Unterdrückte und Untertänige – kurzum: der »Diskriminierte« und »Benachteiligte«, wie man heute sagen würde – die zum Sinnbild für das absolut Gute werden. Nur diese könnten im Jenseits zur Rechten Gottes sitzen, während die Mächtigen, die Reichen, die Aristokraten des Diesseits, zur Hölle fahren.

Ausgehend davon, dass es nicht länger das Schlechte ist, das als Negativum zum Guten besteht, erfinden die frühen Christen den revolutionären Begriff des »Bösen«. Mit dieser tiefgreifenden Umkehrung ist all das, was schlecht unter der aristokratischen Moral gewesen ist, nunmehr gut in der »Sklavenmoral« (Nietzsche) und all das, was das Gute in der Aristokratenmoral ausmachte, wird zum Bösen in der Moral der Sklaven. Alles, was jetzt den Schwachen dazu dienen kann, in die Machtposition zu gelangen, wird auf diese Weise zum Guten, Gerechten und Richtigen. Andererseits erscheint alles, was ihnen dabei schaden und eine potenzielle Gefahr darstellen könnte, nach dieser Inversion als das Böse. Der aristokratische Meister transformiert sich in dieser Konsequenz zum bösen, unmoralischen Menschen und es ist von nun an gestattet, ihn »gerecht« zu hassen.

Nietzsche zeigt uns mit dieser Analyse, dass das, was wir heute als Gutes und Böses *an sich* ansehen, in Wahrheit eine allzumenschliche Geschichte hat: Menschen erschaffen und nutzen Werte, um die Macht zu übernehmen und andere Menschen zu dominieren – also rein *funktional*, je nachdem, welche Mittel und Wege sie dazu benötigen.

Gleichwohl erkennen wir einen fundamentalen inhaltlichen Unterschied zwischen diesen beiden Moralen, der starken und der schwachen. Die Wertvorstellungen der Aristokraten erwachsen aus der Eigenliebe, mithin der Liebe zu sich selbst, und aus der Verherrlichung der Natur und des Lebens, während die Werte des Schwachen geboren sind aus seinem *Ressentiment*, seinem Hass auf andere sowie auf das eigene schwächliche Leben. Diese von Nietzsche erkannte grundlegende Unterschiedlichkeit ist über die Maßen bedeutsam und sollte noch schwerwiegende Auswirkungen auf die weitere Zukunft der Menschheit haben, und zwar bis zum heutigen Tag.

Der Schwache nährt sich aus dem Hass auf den Starken, der ihm natürlich (von Natur aus) übergeordnet ist. Der Unterlegene zeigt erkennbar ein Gefühl des Grolls, des Neids und der Eifersucht auf den Noblen, den *Glücklichen*, der vom Leben und dem Augenblick begünstigt ist. Das irdische, natürliche Leben sei »ungerecht« zum Schwachen gewesen, deshalb verunglimpft und würdigt er es herab. In seinem Ressentiment belastet er dieses Leben *a priori* mit der »Erbsünde« und folgert schließlich, dass dieses Leben falsch sein müsse: Wenn dieses Leben Leiden bedeutet, dann deshalb, weil es das Zeichen des Satans trägt – und wenn der Satan regiert, dann kann dieses versündigte und leidbringende Hier-und-Jetzt niemals die *wahre Welt* sein, diejenige des lieben, gütigen Gottes. Die Welt des lieben Gottes muss demnach woanders sein, wo sie indes kein

Lebender jemals gefunden hat und auch nicht finden kann. Sie kann erst nach dem Tod betreten werden. Das christliche Paradies war geboren.

Dieser psychologische Prozess, der zur Herabwürdigung des vorgefundenen Lebens und zur Imagination alternativer Welten geführt hat, ist oft in der Geschichte der Menschheit zu beobachten. Der Kommunismus – zum Beispiel – ist funktional betrachtet ein ähnliches Produkt. Der Schwache kommt auf die Idee, dass die Gesellschaft nichts weiter ist als repressiv und ungerecht (sie ist also böse) und daher muss sie »falsch« sein, was sich auch anhand der immanenten Gegensätze zeigen lasse (der Kapitalismus als Ausgangspunkt kommunistischen Denkens wird aufgrund seiner inneren Widersprüche verworfen durch marxistische »Propheten«, die vorgeben, die Wahrheit nicht dank göttlicher Offenbarung zu kennen, sondern aus wissenschaftlichen Ergebnissen zu induzieren; sie seien gerade keine Theologen, sondern szientistische Dialektiker[21]). Marx, der Prophet, entschlüsselt diese Widersprüche, proklamiert sodann die Falschheit im gegenwärtigen, irdischen Diesseits und versucht darzulegen, dass die kommunistische, klassenlose Gesellschaft unzweifelhaft eines Tages heraufziehen wird. Er verkündet seherisch die »wahre Welt«, das Paradies (hier: auf Erden).

Nietzsche enthüllt, was sich generell hinter dem Willen zu alternativen Welten versteckt: ein aus Schwäche geborenes Unbehagen mit dem, was uns *als* und *zum* Leben gegeben ist. Es handelt sich

---

21 Beide, Theologie und Dialektik, haben den großen Vorteil, für den profanen Geist letztlich unverständlich zu sein. Dies ist eine notwendige Bedingung dafür, die Einfachen beeindrucken und über sie herrschen zu können.

dabei vor allem um eine verschleierte Vergeltung, denn unter Verweis auf eine perfekte, jedoch projizierte Welt und die Dichotomie gut/böse lässt sich konsequenterweise der Hass und die Erniedrigung des irdischen Lebens und derer, die darin Erfolg haben, legitimieren. Es ist paradox, dass dieses Vorgehen gleichzeitig ein formidables Mittel dafür ist, die Macht in ebendieser defizitären Welt zu übernehmen. Der Schwache gibt nicht bloß vor, dass Himmel und Hölle existieren, sondern er verspricht ferner, er allein besitze den Schlüssel, um den Himmel zu öffnen und die Hölle zu verschließen. Arkanwissen bedeutet Macht und diese führt zur Herrschaft über andere Menschen.

Tatsächlich folgt das beschriebene Vorgehen, eine imaginierte Welt einzusetzen, um in der realen zu triumphieren, einem *nihilistischen* Plan. Man verneint das Leben, indem eine Erfindung, eine Abstraktion, eine reine Gedankenkonstruktion an seine Stelle gerückt wird. Nihilist ist nach Nietzsche nicht der Mensch, der an absolut gar nichts glaubt, sondern gerade derjenige *Gläubige*, der sich alternativen Welten verschreibt, um sich dem irdischen Dasein und seinem gegebenen Leben – in Geist und Tat – entziehen zu können.

Aus heutiger Sicht erscheint uns indes diese Kritik Nietzsches an erdachten, überirdischen Welten, mit denen sich an der wirklichen, irdischen Welt gerächt und gleichzeitig die Macht übernommen werden soll, als weniger relevant, um Phänomene der moralischen Sklavenrevolte in der Gegenwart einordnen zu können.

In der Tat nutzen die jetzigen Ressentiment-Menschen, die sich für ihr verpfuschtes Leben rächen und gleichzeitig ihr Ressentiment als Herrschaftsidee ausleben wollen, nicht mehr Projektionen wie das Leben nach dem Tod oder das christliche Paradies (in welchem, wie durch Zufall, die Letzten die Ersten sein werden). Sie sagen denen, die sie als böse Menschen betrachten, etwa den »Kapitalisten«, »Faschisten« und »Nazis«, nicht länger, dass sie in die Hölle kommen werden, wenn sie den Predigern des Guten nicht fügsam zuhören (also den Sanften, den Weltoffenen, den Pazifisten, den guten Demokraten, den Diskriminierten und Unterdrückten). In der Gegenwart bedienen sich diese Ressentiment-Menschen anderer Methoden als der des Christianismus, mit dem die Sklaven einst erfolgreich revoltierten und anschließend herrschten. Man missbraucht nicht länger Jesus Christus, um sich an der Welt rächen zu können. Das Ressentiment hat sich säkularisiert, wie alles andere nach dem Tode Gottes auch. Aber es ist nicht verschwunden.

XIV. Der Antichrist

Nietzsche ist gemeinhin bekannt für seine frappierende Feindseligkeit gegenüber dem Christentum, wie sie in der Niederschrift von *Der Antichrist* (1888) am Ende seines geistig gesunden Lebens gipfelt. Wie wir gesehen haben, ist es vor allem die ursprüngliche Umkehrung der Werte, die er der Religion Christi vorwirft. Der Schuldigste unter den Menschen ist Paulus von Tarsus – der Heilige Paulus –, der mit Hilfe einiger nachtragender Juden und selbst voller Groll gegen die Größe, die das Römische Reich damals so prächtig repräsentierte, eine neue Werteskala in der Welt errichten sollte. Eine neue Moral, die von nun an wie ein schleichendes Gift gegen das Leben wirkt.

Jesus Christus selbst trägt daran weit weniger »Schuld« als Paulus, der laut Nietzsche der wahre Schöpfer der Religion namens Christentum ist. Der Erlöser ist selbst eine edle, gutmütige Seele, »der Mensch, der es am meisten verdient, geliebt zu werden«, wie Nietzsche schreibt. Er trennt also die Figur des Jesus von Nazareth vom später elaborierten Christentum, verstanden als die Religion, die sich nach seiner Himmelfahrt auf ihn als Heiland berief. Die Botschaft Jesu bedeutet für Nietzsche eine rein persönliche Botschaft, das heißt eine Einladung zu einem ausschließlich inneren und spirituellen Leben, fernab der Institution namens Kirche, die auf seinen Worten aufgebaut wurde. Erst recht fernab von agitatorischen Propagandisten wie Paulus, der die gütigen Christusworte benutzte, um eine religiös-weltanschauliche Doktrin der Rache daraus zu entwickeln. Jesus ist für Nietzsche somit unschuldig am Christentum, jedenfalls am Phänomen des Christentums als Botschaft, Religion und Moral.

Es ist ebenjener Paulus von Tarsus, der von der grundlegenden Idee der Sünde absolut besessen ist, nicht Jesus Christus. Paulus ist das Gegenteil eines gesunden, aristokratischen Mannes: Man vermutet bei ihm eine chronische Hautkrankheit, die ihn hässlich und gebrechlich macht. Er ist außerdem von grausamer und niederträchtiger Natur, denn bevor er auf dem berühmten Weg nach Damaskus verkehrte, verfolgte er die ersten Christen mit Eifer und Verbissenheit und beteiligte sich unter anderem an Steinigungen vieler von ihnen. Paulus wurde vermutlich kurz nach dem Kreuztod Christi geboren, konnte ihn also nicht persönlich kennengelernt haben. Kurz gesagt: Paulus ist das absolute Gegenteil des noblen Typus, wie man ihn sich in der klassischen Antike vorstellt. Er ist es, der die Botschaft Christi und die Evangelien »vertonen« wird, indem er sie vor allem in Werkzeuge der Vergeltung gegen die Existenz, gegen die Starken, gegen die Mächtigen, gegen die Schönen, gegen die Gesunden, gegen die menschliche Sexualität, gegen die kriegerische Tugend, gegen Rom und alles, was es repräsentiert, umwandelt.

Ausgehend von diesem Punkt verurteilt Nietzsche die christliche Kirche, insbesondere die junge Kirche der ersten Christen, der sogenannten Katakombenchristen. Diese Gemeinschaft saugt zunächst alles auf, was die Antike an menschlichem Abschaum zu bieten hat: alle Schwäche, Entartung, Verderbtheit, die Slums, die Kanalisation; all das, was normalerweise im Schatten versauert. Sie vereint die Kranken, die Ausgestoßenen, die Sklaven, die Bettler, die »schlecht Gearteten« – mithin alle, die, wie Nietzsche sagt, einen auf den ersten Blick guten Grund haben, wütend auf das Leben zu sein. Diese finden in der christlichen Botschaft das perfekte Mittel, um die Vergeltungssucht auszuleben, die sie seit ihrer Geburt – mehr oder weniger bewusst – in sich tragen. Dank der christlichen Heilslehre finden die Versager endlich einen Weg, um zu triumphieren; wenn auch auf umgekehrten Wegen.

Das Christentum verkündet zum ersten Mal auf derart exaltierte Weise, dass das Gute nicht mehr aus Macht, sondern aus der Schwäche resultiert. Gott liebt nun nicht mehr die starken Krieger und die Edlen, sondern die Benachteiligten und Elenden. Die Schlüssel zum Paradies werden nicht mehr durch Stärke, Schönheit und Ruhm erlangt, sondern durch Harmlosigkeit, Demut und Reue über die vermeintliche Erbsünde. Man muss also nicht ein Löwe, sondern ein Lamm sein, um die Gunst des Himmels zu erlangen. Auch die

Schönheit des nackten Körpers und die Sexualität, die früher als gesegnet angesehen waren, sind plötzlich schändlich und müssen von nun an schamvoll versteckt werden. Die Griechen und Römer beteten vor schwer bewaffneten oder anmutigen Göttern, die Christen knien in ihrem Gebet vor einem neuen Gott, der hilflos und gefoltert am Kreuz hängt.

Der Himmel damals bebte, wie noch niemals zuvor in der Geschichte der Menschheit. Alles wird umgestürzt, was der alte Mensch bislang glaubte, hoffte und wertschätzte. Die Römer reagieren zwar zunächst mit Verachtung und Massakern auf alles, was sie als Höllengezücht betrachten,[22] doch schließlich geben sie nach und verschwinden angesichts der vielen Schwachen.

Das ist die ungeheure Anklage, die Nietzsche gegen das Christentum erhebt: die Tatsache, dass die Werte umgekehrt werden, um all jene Werte verächtlich zu machen, die bis dahin Größe, die Schönheit und Leidenschaft des Daseins ausmachten. Nicht mehr das Leben und die gelebte Wirklichkeit gelten als heilig, sondern der Tod und illusionäre Hinterwelten, wie das himmlische Paradies. Das Christentum gab dem Menschen und der europäischen Kultur, die später christlich werden sollte, das unausweichliche Gefühl der Sünde ein, bis hin zum ungesunden Vergnügen, überall Scham und Schuld zu empfinden. Dabei lieben wir die Kinder und ihre Jugend und sogar die unbelebte wie belebte Natur gerade aufgrund ihrer

22 Ein Blick auf Tacitus und die Christenverfolgung unter Nero genügt, um die unglaubliche Verachtung der Römer für die ersten Christen zu beurteilen: Tacitus (nicht nur er) beschuldigt sie des »Hasses auf das Menschengeschlecht« (*odium generis humani*), womit angedeutet ist, was ein edler Römer damals unter »Mensch« verstand.

tiefen Unschuld so sehr. Es ist diese grundlegende Unschuld des Lebens, die uns die Lehre des Christentums endgültig genommen hat. Deshalb, sagt Nietzsche, ist *das Christentum* schuldig, weil es wiederum durch ein falsches Zeugnis schuldig macht.

Doch hinter diesem Großangriff auf das Christentum verbirgt sich eine äußerst komplexe Beziehung zwischen Nietzsche und der Religion seiner Väter. Es ist hier nicht der Platz, übermäßig tief in das schwierige, vielschichtige Verhältnis Nietzsches zum Phänomen des Christentums einzusteigen. Der Philosoph Gustave Thibon zeigt uns anhand der nietzscheanischen Methode von der Ableitung der Ideen aus der Psychologie des Subjekts, dass Nietzsche in Wahrheit seit seiner frühesten Kindheit völlig in den Idealismus und das Absolute verliebt scheint – ja, dass er im Grunde *fundamental* christlich ist.[23] Letztlich wird Nietzsche jedoch zu seinen Attacken auf den christlichen Glauben insgesamt veranlasst, weil er persönlich geprägt ist durch eine unglückliche Begegnung mit einem im Wesentlichen protestantischen Christentum (dessen Tendenz oft darin besteht, die individuelle Moral zu vergöttlichen, was der römischen Kirche eher fremd ist). Hinzu tritt eine radikale Ablehnung der Schwäche, die er als Kranker täglich erleben musste und unter der er litt – wenn sie ihm auch lehrreich war.

---

23 An seinen Freund Köselitz schreibt Nietzsche am 21. Juli 1881: »Mir fiel ein, lieber Freund, daß ihnen an meinem Buche [*Morgenröthe*, J.R.] die beständige innerliche Auseinandersetzung mit dem *Christenthume* fremd, ja peinlich sein muß; es ist aber doch das beste Stück idealen Lebens, welches ich wirklich kennengelernt habe, von Kindesbeinen an bin ich ihm nachgegangen, in viele Winkel, und ich glaube, ich bin *nie* in meinem Herzen gegen dasselbe gemein gewesen. Zuletzt bin ich der *Nachkomme* ganzer Geschlechter von christlichen Geistlichen.«

Wir sollten uns vor allem vor Augen halten, dass Nietzsche uns durch die geistige Sezierung des frühen Christentums als psychologischen Phänomens eine Methode hinterlassen hat, die im Grunde auf alle zeitgenössischen Prozesse anwendbar ist. Dank Nietzsche wissen wir, wie mediokre Menschen den Rachedurst, der sie antreibt, in die Tat umsetzen.

XV. Verschleierte Vergeltung

Nietzsches Analyse des psychologischen Prozesses, der unterbewusst oder auch ganz bewusst die Schaffung und einseitige Nutzung der Moral befördert, ist für uns und unsere Gegenwart von kaum zu unterschätzender Wichtigkeit. Wenn wir verstehen, dass hinter den »großen«, vermeintlich gutherzigen Worten wie Liebe, Gerechtigkeit oder auch Gleichheit in Wahrheit nichts weiter steckt als tiefsitzender Hass und autodestruktives Ressentiment – sowie, nicht zuletzt, ein fast schon wollüstiges Verlangen nach Vergeltung –, so können wir einen geschärften Blick auf unsere gesellschaftlichen Zustände werfen. Allgegenwärtige Phänomene wie Antirassismus, Feminismus, Progressivismus und Sozialismus erscheinen in einem neuen Licht.

Wir verstehen etwa die extremistische Intoleranz der selbst ernannten Toleranz-Jünger, die stets bestrebt sind, diejenigen Abweichler zu zensieren, exkludieren und auf nahezu professionelle Weise zu verurteilen, die ihnen als böse, also als Gegner des Guten, zum Beispiel in Gestalt der *Political Correctness*, daherkommen. Man kann sich leicht ausmalen, wie dieser Schlag Persönlichkeit vor Jahrhunderten jeden anderen Menschen zu Höllenqualen verurteilte, der ihm als Feind Gottes galt. Was sie Gerechtigkeit nennen, ist niemals eine objektive Gerechtigkeit, sondern in jedem Fall bloße Verteidigung ihrer selbst als Mensch, der Macht anstrebt über diejenigen, die ihnen eigentlich unerreichbar höhergestellt sind.

Die bedeutsame Wahrheit über die menschliche Seele, die Nietzsche entdeckt, betrifft den Wunsch nach Vergeltung, der in den meisten Menschen schlummert. Der Kranke möchte sich, in seinem tiefsten Innern, rächen für seine Krankheit und der Hässliche sucht Vergeltung für seine Hässlichkeit, der Schwache für seine Schwachheit und der Leidende für sein Leid. Für diese Masse an *Unglücklichen*, das heißt, für die von der Glücksgöttin nicht perfekt Gesegneten, braucht es jedoch einen Schuldigen. Es handelt sich hierbei um eine offensichtliche psychologische Reaktion: Solange der Kranke es vermeiden kann, annehmen zu müssen, dass er seine Krankheit allein seiner eigenen Schwäche, seinem schlechten Lebenswandel oder seinem Schicksal »verdankt« und er – im Gegenteil – einem anderen Menschen, nämlich dem apparent Gesunden und Glücklichen, die Schuld zuschreiben kann, solange bewahrt sich dieser Kranke sein Selbstvertrauen. Er kann die Augen von seiner Unzulänglichkeit abwenden und stattdessen seinen Hass ungetrübt ausleben, der sodann zu seinem »Super-Benzin«, seinem lebenswichtigen Kraftstoff wird.

Obwohl jedoch der Kranke den Gesunden hasst und sich damit versucht zu trösten, dass er sich mit seinem Leid Gottes Liebe gewiss wähnt oder – was heute *trendy* und durchaus lukrativ ist – dass er zum bemitleidenswerten Lager der Opfer gehört, verschwindet die hartnäckige, tiefgreifende Krankheit des Ressentiment-Menschen nicht. Der Kranke, der es schafft, den Gesunden zu eliminieren, bleibt dennoch krank. Es gibt für die Anhänger der Sklavenmoral keinen Ausweg. Sie schwatzen von sozialer Gerechtigkeit, Gleichheit und Ausgleich, erfinden alle naselang irgendwelche Schuldigen – quasi je nach situativem Bedarf herbeiphantasiert –, spielen ihren Status als Opfer und Unterdrückte aus und das alles nur, um einfältige Seelchen durch diesen Sermon zum Weinen zu bringen. Im Grunde wollen sie sich damit jedoch ihr Selbst-Sein austreiben, das heißt, ihr pathologisches Unwohlsein, aus dem sie das starke Verlangen nach Vergeltung ziehen.

Auf diese Art und Weise persönliche Rachegelüste hinter großartigen Idealen voller guter Absichten zu verstecken, ist eine Waffe mit außergewöhnlicher Schlagkraft gegen die Starken. Nicht zuletzt deshalb, weil die Starken und Machtvollen psychologisch bedingt oftmals die Neigung aufweisen, sich durch vorgeblich großherzige und gönnerhafte Haltungen korrumpieren zu lassen. Das kraftvolle, überbordende, pochende Leben, das sie in sich verspüren, nötigt die Starken regelmäßig dazu, sich für Herangetragenes zu öffnen, neugierig auf Anderes zu sein und mitfühlend Anteil zu nehmen. Vor allem kennen die lebendig Kraftvollen die Lüge und das Laster nicht gut und sie haben Schwierigkeiten, solche zu entdecken; selbst wenn sich beide vor ihnen auftun. Wenn ein Vertreter der Sklavenmoral versucht, einem Starken (irgendeine x-beliebige) Schuld zuzuschreiben, passiert es gerne, dass der Letztere brüsk, impulsiv und schonungslos – eben lebhaft – darauf anspringt. Die Christenverfolgung durch die antiken Römer ist ein anschauliches historisches Beispiel für die machtvolle, eruptive Macht des Starken, der sich plötzlich bedroht sieht. Sehr schnell jedoch lassen sich diese Mächtigen durch die Moral vergiften, einfach weil sie keine adäquaten Verteidigungsmittel gegen diese wesensfremde und damit neuartige Waffe finden können.

Schließlich verfallen und versinken sie im (Selbst-)Hass und Masochismus. Die derart Geschwächten lassen es zu, dass eine Masse von inferioren Gestalten, die von den aristokratischen Vorfahren noch sofort und rücksichtslos ausgeschaltet worden wäre, die Möglichkeit zur Machtergreifung erhält. Was den Europäern derzeit widerfährt, die ihre »Schuld« (er-)tragen wie Herkules der Sage nach das vergiftete Nessoshemd, ist die perfekte Illustration des beschriebenen Phänomens.

Niemals darf man sich zu dem Gedanken hinreißen lassen, es sei konsequenterweise doch billig und gerecht, dass die Moral der Schwachen vorherrsche, nur weil die Schwachen eben die übergroße Mehrheit ausmachen und die Starken nur in kleiner Anzahl bestehen. Das Paradoxe dieser an sich utilitaristischen Position (»größtmögliches Glück für die größtmögliche Zahl«) ist nämlich, dass die Sklavenmoral in keiner Weise die Anzahl der Sklaven verringert oder auch nur deren »Glück« ein wenig steigert. Die Sklavenmoral ist ausschließlich darauf gerichtet, die Starken, Aristokraten und wahrhaft Glücklichen zu eliminieren. Vertreter, die diese Moral in Stellung bringen, um gänzlich irdische, profan-politische Ziele zu verfolgen, schaffen nicht die Dominanz von Menschen über Menschen ab, sondern ersetzen nur die augenblicklich Dominanten. Dabei sind die schwachen Umstürzler oft in ihrem Herrschaftsanspruch noch totaler und erdrückender als ihre Vorgänger, wie sämtliche Revolutionen unter dem Banner der Gleichheit vor dem Weltgericht bezeugen.

Ferner hat es schwerwiegende Konsequenzen für das Schicksal einer Zivilisation, wenn die Schwachen mithilfe der Sklavenmoral triumphieren und der neuen Gesellschaft Werte aufzwingen, die aus ebendieser Moral abgeleitet werden. Ist eine Kultur geboren, sodann fortentwickelt bis hin zu ihrer Blütezeit, so atmet sie die kräftige Luft der aristokratischen Moral – wenn sie degeneriert und schließlich vergeht, speit und verspritzt sie dabei den Nihilismus und die Moral der Sklaven. Eine Kultur und später eine Zivilisation erlangt notwendig Größe, sofern sie den Wettbewerb, die Stärke, Schönheit und Exzellenz, das Edle und die Unterschiedlichkeit in all ihren Ausprägungen befördert. Natürlich muss sie in Dekadenz und Schande zugrunde gehen, wenn sie damit beginnt – in Umkehrung aller vorherigen Werte –, das exakte Gegenteil von dem zu bevorzugen, was ihre Stärke einst ausgemacht und perfektioniert hat.

XVI. Wer wagt den Triumph?

Das Revolutionäre an Nietzsches Philosophie besteht darin, uns zu lehren, dass hinter jeder gutmeinenden Idee, jedem Idealismus, jedem Wert und jeder Moral ein menschliches Wesen steht. Jeder Mensch, mit seiner ihm eigenen psychischen Verfassung, ist bestrebt – beflügelt vom immanenten Willen zur Macht – zu siegen. Die Einnahme und Verteidigung einer intellektuellen Position ist stets der Versuch einer Machtergreifung, also ein bloßes Mittel zu einem weiteren, eigenen Zweck; ein existenzielles *pro domo*. Bevor man weiß, ob eine Idee richtig, gerecht oder gut ist, muss man sich zunächst fragen, *wem* sie dient, welche Instinkte sie anspricht und aus welchem konkreten Willen zur Macht sie sich ergibt. Der Wahrheit kommt in der Metaphysik Nietzsches kein absoluter Wert zu. Martin Heidegger wird Jahrzehnte später von der »Subjektivität des Seienden« schreiben: Die einzige Wahrheit des Seins ist im Kern die Vielzahl der Subjektivitäten. Ideen und Werte bestehen nicht »für sich selbst«, sondern sind gesetzt durch das schauende und vorstellende Subjekt. Im Anvisieren des Seienden verleiht das Subjekt den Gegenständen erst ihren jeweiligen Wert und bestimmt sie damit in ihrem Sein.

Wir alle sind determiniert durch die Subjektivität, die uns jeweils unser Wille zur Macht eingibt. Dieser Wille drängt uns, Ideen und Werte zu erschaffen oder zu selektionieren, mit denen wir uns am besten arrangieren können. Es gilt zu erkennen, dass sämtliche auf diese Weise herangezogenen Ideen, Vorstellungen und (Vor-)Urteile wahrhaftig nichts weiter sind als Versuche der Selbst-Rechtfertigung *a posteriori* dessen, was man ist, um schließlich triumphieren zu können *mit* und *vor* sich selbst.

Die Fortschritte in der Wissenschaft der Biologie erlauben uns heute, diese Kernthese Nietzsches zu verifizieren. »Wie ein Anwalt möchte das menschliche Gehirn den Sieg, nicht die Wahrheit«, schreibt zum Beispiel der US-amerikanische Journalist und Wissenschaftler Robert Wright. Wahrheit und Gerechtigkeit vermählen sich gerne mit den Interessen derer, die diese hehren Begriffe in den Mund nehmen. Nur selten trifft man auf Geister, die vermöge einer komplex-vielschichtigen Physiologie und Psychologie dazu in der Lage sind, sich in Höhen aufzuschwingen, von denen aus es ihnen möglich wird, eine gewisse Objektivität zu erreichen. Im Allgemeinen wirkt die Biologie durch den Intellekt, und das Leben möchte sich, vermittels der Gene, im essenziellen Sinne erhalten, sogar ausbreiten und reproduzieren. Christen und atheistische Progressive treffen sich beide in dem Punkt, dass sie das menschliche Gehirn vom Rest des Körpers »ausgliedern« (im Sinne einer separierenden Betrachtung) und auf dieser Grundlage zu ähnlichen, dualistischen Positionen gelangen. Für die einen ist es die Seele, die aus und anstelle der Materie spricht, und für die anderen ist dies die leiblose »Kultur«, die nichts mit der Natur und Genetik zu tun haben *darf*.

Nietzsche ist der erste Naturphilosoph nach Charles Darwin, der in puncto Format und Denkweite mit dem Engländer mithalten kann. Der Geist braucht eine Fortsetzung, eine »Verlängerung« durch den Körper und dieser Leib will überleben und sich entfalten. Der Körper wird, sowohl bei Darwin als auch bei Nietzsche, zum Argument an sich. Alles, was der Geist eines Menschen erschafft, wird und muss also bestrebt sein, das Überleben und Ausdehnen seines Trägers – ebendieses Menschen – zu unterstützen. Nur Perverse oder Geistesgestörte vernachlässigen den Körper und seine Natur als vitales Argument.

Ein Problem tritt jedoch rasch ans Tageslicht, nachdem wir entdeckt haben, dass alle von uns erschaffenen oder angenommenen Ideen letztlich unseren vitalen Interessen dienen. Abgesehen davon, dass die Möglichkeit des Irrtums besteht und man seine Lebensinteressen aufs Spiel setzt aufgrund einer falschen Einschätzung der Lage, bemerken wir, dass es viele Personen und sogar ganze Zivilisationen (etwa unsere eigene) gibt, die Vorstellungen, Werten und einer Moral anhängen, die ihren natürlichen Interessen diametral entgegengesetzt sind. Man kann demnach – im Individuellen wie im Kollektiven – durchdrungen sein von Ideen, die allem widerstreben, was eigentlich zum Überleben, Entfalten und Fortpflanzen notwendig erscheint. So kommt es regelmäßig vor, dass sich Individuen in vollem Bewusstsein vorsätzlich dazu entschließen, ihrem Leben durch Suizid ein Ende zu machen, sich nicht zu reproduzieren oder andere Menschen bereitwillig Macht über sich ausüben zu lassen. Diese Menschen geben sich selbst preis unter Vorspiegelung von Haltungen, die nichts weiter als naiv oder masochistisch sind.

Wie ist dieser wohl nicht von der Hand zu weisende Befund überhaupt möglich, wo wir doch eigentlich den Willen zur Macht in jedem Einzelnen von uns annehmen? Warum und wie existiert ein solches Phänomen vor dem Hintergrund der Metaphysik Nietzsches und der Subjektivität alles Seienden? Wenn alles Gedeihen in einem Willen zur Macht begründet liegt und jeder diesen Willen als vitales Ur-Interesse verteidigen müsste, wie kommt es, dass Menschen dabei aufgeben und sich sogar erfreuen können an ihrer eigenen Vernichtung? Durch welche magischen Kräfte nehmen die Starken plötzlich die Moral der Schwachen an, die ihnen ausschließlich unvorteilhaft ist und ihren eigenen Interessen erkennbar zuwiderläuft? Wie kann der Aristokrat auf die Knie fallen vor dem Eunuchen, der mit ausladender Geste vorgibt, im Namen und Wirken großer Ideale zu handeln, mithin entlang rein intellektueller Konstruktionen (gestern war es die Theologie, heute sind es die Sozialwissenschaften)? Wie kann ein ganzes Volk dahin kommen, die »Religion des Anderen« als allein selig machend anzusehen und sich derart »selbstlos« im angestammten Lebensraum austauschen zu lassen?

Nietzsches Antwort lautet: Dies alles ist möglich, weil die Moral eine korrumpierende Gewalt ohnegleichen ist.

XVII. Die moralinsaure Korruption

Fällt das Wort »Moral«, sollte man sich hüten, darunter die Regeln des alltäglichen Lebens zu verstehen, die das soziale Zusammenleben der Menschen zum Gegenstand haben und eine humane Gemeinschaft überhaupt erst möglich machen. Diese Verkehrsanschauungen und gängigen Konventionen gehören ins Feld der basalen Anthropologie und hier zu der normalen Organisation einer jeden menschlichen Gesellschaft, die allein durch ihre Existenz ein soziales Leben als Mensch ermöglicht. Dank dieser Grundregeln werden Menschen überhaupt erst in ihrem gegenseitigen Verhalten vorhersehbar. Diese soziale Vorhersehbarkeit und Berechenbarkeit ist für jede Gemeinschaftsbildung essenziell. Unter »Moral« versteht Nietzsche mitnichten das, was wir als soziale (Alltags-)Sitten zusammenfassen können.

Nietzsche hat ein spezifischeres Verständnis von Moral, weshalb er sich gerne des zynischen Kunstwortes »Moralin« bedient, um dem Wörtchen »Moral« eine Endung zu verpassen, die an ein chemisches bzw. pharmazeutisches Mittel denken lässt, wie zum Beispiel Aspirin. Nietzsches Begriffsverwendung verweist auf die großen Predigten über das Gute und Böse, die häufig genug weit entfernt von dem sind, was man gemeinhin als geläufige Alltagsmoral auffasst.

Bei der Moral geht es um die großgearteten Werte, Prinzipien und Ideale, deren Hauptziel realiter in der Selbsterniedrigung oder Schuldzuweisung an uns besteht – auf die eine oder andere Weise. Ein gutes Beispiel mag Bernard-Henri Lévy abgeben, wenn er aus dem Fernsehapparat zu uns spricht – mit pathetischem Tremolo in der Stimme – und uns einhämmert, dass wir Franzosen und Europäer ohne »schuldhaftes« Zögern Syrien bombardieren sollten, weil es *moralisch* geboten sei, das syrische Volk und seine kleinen Kinder dadurch vor dem bösen Diktator und »Menschenschlächter« Baschar al-Assad zu befreien. Oder wenn jeder dahergelaufene (Halb-)Prominente uns in den Medien davon zu überzeugen versucht, dass es unsere *moralische* »Pflicht« sei, möglichst ungeregelt und möglichst viele Migranten aufzunehmen; alles im Namen des neuen Gottes, den man »Menschlichkeit« nennt.

Es sind die Lehren einer absoluten Toleranz gegenüber allem und jedem, die uns schon seit Kindergartentagen im Predigerstil eingetrichtert werden. Moralin wirkt, wenn Journalisten und Politiker in einer TV-Talkshow sich betont indigniert und empört geben, wenn sie auch nur ein politisch-inkorrektes Wörtchen aufschnappen. Sitzen sie dort im Stuhlkreis mit einem »einfachen« Menschen, der nicht den *woken* Korrektheitscode auswendig herunterbeten kann, rollen sie die Augen, schnaufen hörbar, schütteln sie angeblich »fassungslos« den Kopf. Nicht zuletzt, wenn Tonnen an Druckerschwärze für Geschichtslehrbücher draufgehen, in denen die Europäer mit Schuldzuweisungen und Bußtexten überhäuft werden. Das Gleiche geschieht in Filmen und Serien, in der Musik, an den Universitäten. Dem weißen, europäischen Menschen der Gegenwart wird unentrinnbar eingeprügelt, dass er der alleinige, endzeitliche Schuldige an allem Übel in der Weltgeschichte sei; im Grunde das absolute Böse in alle Ewigkeit – Amen! Die Ursünde besteht aus historischen Verstößen gegen die Moral, etwa durch die Kolonisation Afrikas, die angebliche »Unterdrückung der Frau«,[24] die Industrialisierung mit ihren Kohlenstoffdioxid-Emissionen, der Wahl von Adolf Hitler, Margaret Thatcher und Donald Trump und dergleichen mehr.

Unsere Epoche versteht allein schon deshalb mehr von Moral, weil wir Heutigen komplett von ihr umgeben, ja umzingelt sind. Das Moralin dringt aus jeder Pore der Postmoderne. Ohne Zweifel gab es auch im Mittelalter bereits die Savonarolas und übereifrigen Priester, die etwa von der Frage der Sexualität besessen und bereit waren, jeden ins Feuer zu werfen, den sie der Schamlosigkeit, Wollust und Lüsternheit bezichtigen konnten. Die gleiche Sorte Mensch lebt jedoch auch heute noch unter uns: erregt und erregbar durch neue Obsessionen, wie etwa die Rassenfrage, den Feminismus oder Egalitarismus. Diese Priester der Postmoderne sind – genau wie die mittelalterlichen und womöglich noch schlimmer – stets dazu in der Lage, anzuklagen, zu bestrafen und Zensur auszuüben, wenn sie etwas hören oder lesen, das die engen *moralischen* Grenzen sprengt. Denn diese Grenzen sind *ihre* Grenzen und sie möchten sie für alle anderen Menschen verbindlich errichten. Die übelsten Torquemadas der Moral, erfüllt von galliger Boshaftigkeit und Rachegelüsten, agitieren noch immer im Namen des allein selig machenden Guten. Mit einem moderneren Anstrich ist jetzt die Rede von »Werten«, vor allem von republikanischen, demokratischen, liberalen und nicht zuletzt humanitären. Es sind diese Pfaffen der Moral, die Nietzsche in *Also sprach Zarathustra* als »Taranteln« beschimpft: Sie beißen und injizieren ihrer Beute das Moralin, ein moralisches Gift, das zur

24 Zu diesem Themenkomplex siehe mein weiteres Buch *L'amour et la guerre* (dt.: Die Liebe und der Krieg), das bisher nur auf Französisch vorliegt.

Folge hat – ganz so wie bei der Spinne von Tarent (Apulische Tarantel) –, dass das Opfer in eine hartnäckige Lethargie versinkt, die schließlich unweigerlich den Tod nach sich zieht.

Doch wie kann dieses moralische Gift bis in die Herzen der Tapfersten aufsteigen und selbst die Stärksten und Gesunden korrumpieren? Noch schlimmer: Warum gehen viele Menschen so weit, in sich selbst das letale Gift der Moral zu lieben, selbst wenn es sie nach und nach vernichtet? Verzückt nehmen sie das Moralin in sich auf. Ist es tatsächlich so, dass diese Menschen eine versteckte und perverse Wollust am Suizid in sich spüren, der sie sich unter der Bedingung hingeben, die Straße, die dorthin führe, müsse wenigstens mit guten Absichten gepflastert sein?

XVIII. Gegen sich selbst gerichtete Grausamkeit

Einer der Gründe für dieses seltsame Phänomen – gemeint ist die Selbst-Korruption durch die Übernahme dieser Moral – erklärt sich durch die Beobachtung, dass der Mensch dazu fähig ist, Grausamkeit gegen sich selbst zu richten. Im zweiten Teil der *Genealogie der Moral* bringt Nietzsche psychologische Gründe ans Licht, die wir gemeinhin als »schlechtes Gewissen« umschreiben.

Seine Überlegung geht von einer einfachen Wahrheit aus, die wir aber nur ungern hören wollen: Alle Menschen lieben es, in ihrem tiefsten Grunde und von Mal zu Mal, sich gegenseitig Leid zuzufügen und grausam gegenüber ihren Mitmenschen zu verhalten, nicht zuletzt, um sich selbst den Beweis ihrer Macht zu erbringen. Denn diese Macht in jedem von uns will sich, wie wir bereits bemerkt haben, ausdehnen und großmachen. Es fühle sich gut an, Leiden zu sehen, sagt uns Nietzsche, aber noch erquicklicher sei es, anderen Menschen Leiden zu *bereiten*. Wir freuen uns, andere kritisieren zu können, sie scheitern zu sehen und ihnen Knüppel zwischen die Beine zu werfen. Unsere Vorfahren haben sich an grausamen Schauspielen im Zirkus erfreut und wir Gegenwärtigen lieben es, Action- und blutrünstige Horrorfilme zu schauen oder brutale Videospiele zu zocken, in denen man ohne Schuld töten kann und die totale – virtuelle – Freiheit genießt, seine Gegner »spielend« vernichten zu können. Eine Vielzahl nationaler oder religiöser Feiertage erinnert in festlicher Aufmachung an historische Blutbäder: So feiert etwa das jüdische Purim ein Massaker an den Feinden des israelitischen Volks. Dasselbe gilt für viele unserer nationalen Feste, an denen wir gemeinschaftlich und feierlich des Blutvergießens erinnern. Selben Ursprungs ist unsere Sympathie für möglichst heftige Strafen für Missetäter. Die Exekution der Todesstrafe war viele Jahrhunderte lang, und mancherorts noch heute, immer ein beliebtes öffentliches Spektakel. In Frankreich waren seinerzeit die Enthauptungen durch die Guillotine stets der Auslöser von großen Menschenansammlungen.

Man könnte folgern, dass uns das Blut-sehen-Wollen im Blute liegt. Diese Einstellung und damit verbundene Vorlieben entstammen unseren primordialen Instinkten, geschmiedet im Naturzustand, in dem der Mensch einen großen Teil seiner bisherigen Existenz gelebt hat. Die Jäger und Sammler töteten nicht nur auf der Jagd nach Nahrung, sondern um unter Knappheitsbedingungen überhaupt überleben zu können, ermordete man sich auch gegenseitig. Die Forscher Martin Daly und Margo Wilson nehmen an, dass ungefähr einer von drei Männern in jeder Generation umgebracht wurde, teilweise aus Motiven der sexuellen Konkurrenz. Noch heute können wir bei den indianischen Yanomami, eine seltene, noch immer existente Population von Jägern und Sammlern in Südamerika, feststellen, dass etwa zwei von fünf Menschen an *mindestens* einem Totschlag innerhalb des Stammes teilnehmen. Es ist gut möglich, dass wir deshalb – tief in uns drin – in fataler Weise gewalttätig sind, weil wir unter solchen martialischen Bedingungen über mehrere hunderttausend Jahre unser Dasein fristen mussten.[25]

Was aber geschieht, wenn in Jahrtausenden angereicherte und geschliffene Instinkte plötzlich nicht mehr ausgelebt oder ausgedrückt werden können? Während Tausenden von Jahren hat der archaische Mensch im Naturzustand (über-)leben müssen, der ihn nachdrücklich geschmiedet hat. Nun aber wurde dieser Mensch nach und nach energisch dazu gezwungen, in der Umwelt einer pazifizierten, zivilisierten und glatt raffinierten Gesellschaft zu sein, in der sich seine bewährten, trainierten Instinkte unmöglich manifestieren dürfen.

---

25 Wir sollten unsere Geschichte nicht vorschnell als schändlich oder gar schuldhaft verurteilen, denn wenn die Evolution unsere Vorfahren für ihre Gewalttätigkeit und Neigung zur Grausamkeit bevorzugt hat (»Survival of the fittest«), so tat sie dies als grundlegende Bedingung für das Überleben der Spezies. Ohne dieses Überleben der Gewaltsamen, hätten wir uns als Menschheit nicht weiterentwickeln und unsere Kulturen aufbauen können. Ohne die Neigung zur Gewalt wäre die Menschheit ausgelöscht worden bzw. hätte nicht einen hinreichenden Selektionsdruck aufgebracht, um voranschreiten zu können. So wie man die Katze nicht *moralisch* dafür anklagen kann, dass sie gerne auf grausame Weise mit kleinen Vögeln spielt, so wenig kann man dem Menschen seine archaisch kultivierte Lust am Blut anderer vorwerfen. Nur dieses grausame Selbst erlaubte es dem Menschen in dunklen Zeiten, die Seinigen nicht verlieren zu müssen und sich selbst weiterhin ausbilden und -breiten zu können.

Verschwinden sie sodann, diese gewaltaffinen Urtriebe und die Vorliebe für das Blut anderer? Nietzsche hat für uns ein klares Nein als Antwort auf diese Frage: Diese urtümlich eingegebenen Instinkte orientieren sich lediglich anderweitig, und zwar in der Weise, dass alles, was sich nicht länger nach außen entfalten und ausleben darf, nunmehr nach innen – zum eigenen Selbst hin – kehrt. Sämtliche Instinkte, die sich nicht in die Außenwelt befreien können, wenden sich in das (verwundbare) Innere. In diesem Prozess bildet sich das sogenannte schlechte Gewissen aus und man fühlt immer stärker eine diffuse Schuld, die wiederum den Masochismus und das selbstvergessene Verlangen nach Moralin gebiert. Selbst wenn dies alles unseren vitalen Interessen, objektiv betrachtet, zuwiderläuft.

Der Mensch, der notgedrungen in einer komplexen und (relativ) friedvollen Gemeinschaft lebt, geht also dazu über, sich selbst zu bedrängen, zu verletzen und sich insgesamt schlecht zu behandeln. Es zerreißt den instinktiven Menschen förmlich, ganz so wie ein wildes Raubtier, das sich verzweifelt gegen die Gitterstäbe seines Käfigs schmeißt. Der so gefesselte Mensch, nach Jahrtausenden der gemeinschaftlichen Selbst-Gefangenschaft, empfindet mit der Zeit jedoch eine Art »Gefallen« an dieser nach innen gekehrten Gewalt. Dank ihr kann er sich auch weiterhin an dem ursprünglichen Genuss ergötzen, Böses zu tun – jedoch nunmehr gegen sich selbst.

Nehmen wir uns die heutigen Europäer zum Anschauungsbeispiel, um dieses eigenartige Phänomen besser verstehen zu können. Nachdem die europäischen Völker gegeneinander eine absurde Gewalt in zwei Weltkriegen entfesselten, legen sie sich seither derartig in die Ketten eines Ethnomasochismus, wie er in der Weltgeschichte seinesgleichen sucht. Diese Selbstkasteiung entspringt, nach Nietzsche, demselben urmenschlichen Instinkt zur Grausamkeit, der einst im kriegerischen Willen des unerbittlichen europäischen Soldaten enthalten war und sich heute im absoluten Moralismus eines postmodernen Linken reinkarniert zu haben scheint. Bloß die Stoßrichtung dieser (Ur-)Grausamkeit hat sich geändert.

Kann man diesen Umstand als Fortschritt begreifen? Ist es nicht zivilisierter, die Gewaltsamkeit gegen sich selbst zu lenken anstatt auf andere Menschen? Zugegeben: bis zu einer bestimmten Grenze, vermutlich ja. Die menschliche Zivilisation ist wohl nur zu diesem Preis zu haben. Nietzsche erinnert uns jedoch an eine finstere Konsequenz dieses Prozesses: Weil wir unsere Instinkte vor dem Hintergrund ihres Ursprungs derart pervertieren müssen, dass sie sich nun invers gegen uns selbst richten, befördern sie notwendigerweise den Nihilismus und dieser führt nach und nach zum Selbstmord. Das Ergebnis jedes Domestizierungsprozesses, jeder Umkehrung der Grausamkeit gegen sich selbst und jeder übermäßigen Entwicklung der Moral ist unweigerlich der Nihilismus. Wenn der Mensch zivilisiert wird – ein großer Teil seiner Natur ist immer noch darauf ausgerichtet, als Jäger und Sammler zu leben –, entfremdet er sich zwangsläufig, er wird nach und nach *pervertiert*.

Wenn es auch denkbar ist, dass diese perverse Inversion uns weniger »bösartig« gegenüber anderen sein lässt, so ist jedoch zu befürchten, dass sie uns dennoch im Wesen schlechter, nämlich ressentimentgeladener macht. Und es ist nicht sicher, ob die Menschlichkeit schließlich der Gewinner dieser kulturellen Selbstzähmung ist.

XIX. Idealismus und Vernunft gegen das Leben

Nietzsche weist uns darauf hin, dass wir die Macht der Moral, die sie auf die höhergesitteten Naturen ausübt, auf andere, jedoch ergänzende Weise verstehen können, wenn wir uns die Fähigkeit des menschlichen Geistes bewusst machen, sich im *Idealismus* mit abstrakten Ideen zu identifizieren und auf diesem Wege sogar mit dem eigenen Körper zu brechen.

Wir stoßen auf eine Vielzahl von Beispielen, die uns vor Augen führen, dass Menschen gegenüber ihren grundlegenden, vitalen Interessen dennoch ihren Werten und (Glaubens-)Überzeugungen den Vorzug geben (können). Wir wissen von Einsiedlern in der Wüste, die sich selbst vor Hunger sterben lassen und keine Nachkommen zeugen und dabei fest daran glauben, in der völligen Selbstverleugnung ihrem Gott am besten zu dienen. Die Europäer, die sich aufgrund einer Idee von »Humanismus« millionenfach von kulturfremden Immigranten überrennen lassen, tun dies beherzt im Namen ihrer »Werte«. Selbst wenn manche unter ihnen womöglich ein Bewusstsein für die bevorstehende Selbstschädigung entwickeln, werden nur sehr wenige dieser Europäer zum wehrhaften Handeln bereit sein. Schon allein, weil sie Angst vor der dominanten humanistischen Moral haben. Es ist durchaus möglich, ein ausgeprägtes Bewusstsein für die Schädlichkeit eines Verhaltens oder einer Einstellung für sein Leben zu haben – und sich dennoch aus Gründen einer mächtigen Idee nicht anders zu entscheiden.

Der Sozialist Albert Camus äußerte einen Gedanken, der für die moralisierende Linke bereits in seiner Epoche zu einem absoluten Skandalon werden sollte. Während des Algerienkrieges ergriff praktisch die gesamte politische Linke Frankreichs aus Gründen der »Gerechtigkeit« und im Namen der »Geschichte« Partei für die Nationale Befreiungsfront Algeriens (Front de Libération Nationale) und andere Unabhängigkeitsbewegungen. In diesem Zusammenhang erklärte Camus, dessen Mutter in Algier lebte, mithin unter der ständigen Bedrohung des Terrorismus der algerischen Separatisten: »Wenn ich zwischen meiner Mutter und der Gerechtigkeit zu entscheiden hätte, werde ich mich für meine Mutter entscheiden.« Damit sagte Camus, dass im Falle einer Wahl zwischen einer abstrakten Idee (»Gerechtigkeit«) und der subjektiven und konkreten Lebenswirklichkeit, hier verkörpert durch seine Mutter, sein Gewissen immer seinen Genen folgen werde.

Auf der anderen Seite stehen zahllose Menschen, die offensichtlich dazu in der Lage und bereit sind, irgendwelchen Moralvorstellungen den Vorrang gegenüber ihrer eigenen Mutter einzuräumen, zumindest symbolisch. Wie ist das nur möglich? Sind diese Leute vom eigentlich allseits zu erkennenden Willen zur Macht verlassen, der sie normalerweise dazu anhalten sollte, zu verteidigen und zu befördern, was sie *in Wirklichkeit* sind, wo sie herkommen und was sie ausmacht? Nietzsche erläutert, dass sich der – in der Tat vorhandene – Wille zur Macht bei derartigen Individuen *intellektualisiert* und in letzter Konsequenz *idealisiert*, bis hin zu einer vollkommenen Identifikation mit diesen Abstraktionen, für die sie nunmehr ausschließlich einstehen. Ihr vitales Dasein löst sich im Strudel des Idealismus auf und wird zur körperlosen, puren Idee, die Schritt für Schritt alles abstreift, was sie mit dem Reellen verbindet und sie konkret und materiell definiert. Ihr Wille zur Macht korrespondiert nicht länger mit dem Körper, sondern nur noch mit den theoretischen Ideen und Werten. Die auf diese Weise Idealisierten gehen dazu über, ihren Körper buchstäblich zu verzehren und auszuzehren. Sie sind der »Bestialität der Idee« fähig, sagt Nietzsche, weil sie im Grunde alle möglichen denkbaren – egal welche – Vorstellungen entwickeln können, die gegen Natur, Instinkt und Intuition gerichtet sind. Alles, was ihren Ideen im Weg steht, kann in der Sphäre des Abstrakten, die für sie allein wesentlich geworden ist, abgeräumt werden.

Die Untätigkeit des Körpers, bis hin zu seiner völligen Nekrose, können die Diktatur eines korrumpierten und pervertierten Intellekts noch verstärken. Je schwächer der Körper, desto mehr dominiert ihn die abstrakte Vorstellung und je mehr sie ihn beherrscht, desto »willenloser« wird der Körper. Schließlich animiert der Wille zur Macht nicht länger den Körper, sondern er manifestiert sich in einer Idee, Moral und in Werten. Das ist der Grund, warum der Mensch, der sich selbst von seinem ideellen Moralin dahinraffen lässt, regelmäßig alles dafür tut, dass auch andere an diesem schleichenden Gift verrecken. Erfüllt von einem Willen zur Macht, der von seinem ursprünglichen Lebensziel abgedriftet ist, wird der idealisierte Mensch proselytisch-bekehrend, aggressiv moralpredigend und feuert seine moralische Verdammnis aus allen Rohren.

Was sich innerhalb des einzelnen Menschen abspielt, kann in diesem Fall auf die Ebene der Gesellschaft übertragen werden. Ein anschauliches Beispiel für ein Symptom, das man mit Fug und Recht als grundsätzlich nihilistisch bezeichnen kann (weil seine Zielverfolgung das ureigene Lebensinteresse angreift), gibt die gegenwärti ge Europäische Union (EU) ab. Diese »Union« verweigert es kategorisch, sich anhand von konkreten und reellen Elementen zu definieren und zu identifizieren. Der zweite Artikel des Vertrages über die Europäischen Union (EUV) sagt viel über diese nihilistische Haltung aus, wenn es dort heißt:

»Die Werte, auf die sich die Union gründet, sind die Achtung der Menschenwürde, Freiheit, Demokratie, Gleichheit, Rechtsstaatlichkeit und die Wahrung der Menschenrechte einschließlich der Rechte der Personen, die Minderheiten angehören. Diese Werte sind allen Mitgliedstaaten in einer Gesellschaft gemeinsam, die sich durch Pluralismus, Nichtdiskriminierung, Toleranz, Gerechtigkeit, Solidarität und die Gleichheit von Frauen und Männern auszeichnet.«

In der Summe erkennt die EU demnach vertraglich und ganz offiziell an, dass sie nichts Konkretes ist, also nicht *lebenswirklich*. Sie besteht aus abstrakten, kaum einsichtigen und kautschukartigen Ideen und scheint nur von diesen getragen zu sein. Anders gesagt, wird in dieser supranationalen Organisation die angebliche »europäische Identität« ausschließlich schulmeisterlich aus leblosen Werten, Moralen und Prinzipien deduziert. Wir erkennen an diesem Exempel, wie Korpus, Realität und Wahrheit abgestreift werden und wie die eigentliche, unverwechselbare Subjektivität in einer körperlosen Geistigkeit aufgehoben wird, die so abstrakt wie falsch ist. Das nihilistische Symptom ist perfekt, da der Körper (das, was wahrhaftig existiert) entwertet und letztlich verbannt wird. EU-Europa ist der »Bestialität der Idee« verfallen, um den treffenden Ausdruck Nietzsches erneut zu verwenden, und diese monströse Bestialität verschlingt von Natur aus all das, was auf dem Kontinent Europa konkret existiert, also etwa seine politischen Gemeinschaften, seine Völker, seine genuine Kultur und schließlich seine eigentümliche Identität.

Diese Bestialität der Idee – und nicht zuletzt der Moral – wird ermöglicht auf einem Pfad der Verführung kluger Geister durch die *Vernunft*. Der reine, räsonierende Intellekt läuft Gefahr, jeglichen Sinn für lebendige Wirklichkeiten zu verlieren. Für Nietzsche stellt Sokrates das fleischgewordene Beispiel für einen solcherart losgelösten Intellektualismus dar, der das ursprüngliche und grundsätzliche Problem der abendländischen Philosophie darstellt. Im Gegensatz zu dem, was wir gemeinhin glauben und was man uns lehrt, stellt Sokrates für Nietzsche nicht den Höhepunkt der altgriechischen Philosophie dar, sondern eher den Ausgangspunkt ihres Niedergangs und ihrer Dekadenz. Sokrates' Denken bildet für Nietzsche das Symptom bereits einsetzender Fäulnis. Die Vorsokratiker wie Parmenides oder Heraklit, von denen uns leider nur ein paar Fragmente überliefert sind, waren ohne Zweifel brillanter und sehr viel *hellenischer* als der Mann, der von den Athenern der Verführung der Jugend und der Gottlosigkeit schuldig gesprochen werden sollte.

Warum aber diese Herabsetzung durch Nietzsche? Weil Sokrates der erste Denker gewesen ist, der die Gleichung (Lebens-)Glück gleich Vernunft gleich Tugend aufstellte und die Vernunft als nobles Ziel ausgab, das es stets zu verfolgen gelte. Diese Gleichung bzw. Gleichsetzung ist für Nietzsche nichts weiter als ein großer Schwindel. Solange das Leben graphisch als eine aufsteigende Kurve wiedergegeben werden kann, laute die Gleichung vielmehr (Lebens-)Glück gleich Instinkt. Es sei nicht die Vernunft gewesen, die es Rom erlaubt habe, zum Imperium zu werden oder die mittelalterlichen Troubadoure und Minnesänger dazu inspiriert habe, die *fin'amor* zu schaffen oder Ludwig XIV. dazu, Versailles zu gründen. Noch habe die Vernunft Napoleon Bonaparte veranlasst, die Mittelmeerinsel Korsika zu verlassen, um Europa zu erobern, oder Honoré de Balzac die Kraft gespendet, seine *Comédie Humaine* (dt.: *Die menschliche Komödie*) abzuschließen.

Alle diese Leistungen sind nach Nietzsche ermöglicht worden durch den *Instinkt*, den Willen zur Macht, mithin durch das Leben selbst: Der Instinkt ist durch und durch tierisch. Was hat dagegen die Vernunft tatsächlich geleistet? Sie ist von den Sokratikern[26] gebraucht worden, um die Oberhand über die damals vorherrschenden Aristokraten zu gewinnen, die wahren Jünger des hellenischen Geistes, der einst die Größe des alten Griechenlands ausmachte. Mit seiner Dialektik, also durch die Waffe der Vernunft, brachte Sokrates die Starken und Mächtigen dazu, sich selbst in Frage zu stellen, indem er sie zu einem Beweis des *Warum* ihrer Existenz aufforderte. Was auch immer jedoch bewiesen werden sollte, konnte schon *a priori* nur völlig wertlos sein, so Nietzsche. Nur wer Schuld hat, muss sich rechtfertigen. Die Starken – ebenso wie das Leben selbst – zu nötigen, sich und ihre Natur zu rechtfertigen, das bedeutet nichts anderes, als sie gleichzeitig schuldig zu sprechen und mit Schuld zu beladen.

Indem er die Vernunft zum ersten und bedeutsamsten Ziel eines intelligenten und zivilisierten Verstandes erklärte, schlug Sokrates die Bresche für sämtliche zukünftigen Ideen und Konstruktionen des reinen Intellektualismus, ganz gleich ob in moralischer, ideologischer oder religiöser Spielart. Sie prägten zwar die weitere Mensch-

26 Sokrates selbst – erläutert Nietzsche maliziös und ganz so, als ob es darauf ankäme – war wahrscheinlich selbst nicht hundertprozentiger Grieche, sondern eher ein Fremder oder zumindest ein Mischling.

heitsgeschichte, waren selbst paradoxerweise jedoch oft selbst völlig *unvernünftig* (im besten Sinne des Wortes), da sich diese intellektuellen Konstrukte von konkreten Lebenswirklichkeiten allzu weit entfernten. Durch die Vernunft, das heißt den exklusiven Gebrauch der »räsonierenden Maschine« zur Wahrheitsfindung, sowie die lügenhafte Gleichsetzung dieser Vernunft mit dem Guten, konnten die edelsten und schönsten Seelen korrumpiert werden und öffneten sich der Moral.

Sie lernten auf diese Weise die oktroyierte Moral zu schätzen, und zwar genau in dem Grade, in dem sie sich von der Realität durch eine Hyperkomplexität und spinnennetzartige Verwicklungen ihrer Abstraktionen entfernte. Ein Beispiel: Je mehr sich die christliche Theologie abstrahierte und »byzantinisch« wurde, desto eher konnte sie die klugen Köpfe verführen (Nietzsche nennt in diesem Zusammenhang den Philosophen Blaise Pascal, den er bewunderte), eben weil sie die Vernunft zum Wert an sich erklärte. Noch heute sind es meist die abgefahrensten Theorien, die nicht *trotz*, sondern gerade *wegen* ihres schwer verständlichen Charakters beeindrucken – insbesondere diejenigen Zeitgenossen, die sich selbst »aufgeklärt« oder *woke* nennen.

Zusammenfassend lässt sich sagen, dass die Identifikation des Selbst mit den ausschließlich abstrakten Elementen der »reinen Vernunft«, um die die Philosophie seit Sokrates einen wahren Kult veranstaltet und die seit der sogenannten Aufklärung zunehmend ein totalitäres Antlitz bekommen hat, zu einer profunden Entmenschlichung des Menschen geführt hat. Diese Vernunftidentifikation riskiert, den Menschen schließlich seiner eigenen Vernichtung preiszugeben.

XX. Nihilismus und der Mensch ohne Gott

Verdreht durch das Moralin, die Vernunft und intellektuelle Abstraktionen, atmen die heutigen Europäer immer mehr den giftigen Äther des Nihilismus und der Dekonstruktion. Dekadent wie sie sind, wie ihnen der Geist des Lebens und der Kraft fehlt, stürzen sie unerbittlich auf ihren Tod zu. »Nihilismus« ist ein Begriff, den Nietzsche seinem französischen Zeitgenossen Paul Bourget entlehnt, einem Autor, der zur Dekadenz forscht und dessen Werke sich zur damaligen Zeit durch eine weit fortgeschrittene Psychologie hervortun.

Der Nihilismus ist der Wille zum *Nichts*, weil der Mensch es lieber mag, das Nichts zu wollen, als (gar) nichts zu wollen, so sagt es Nietzsche. Dies ist das Verschwinden der superioren Haltungen, also der aristokratischen Lebenswelt: Der Körper wird vergessen, die Instinkte werden pervertiert, das Leben und die Lebenswirklichkeit werden gehasst. Der Sieg der intellektuellen Abstraktionen und der moralischen Ideale führt zu einer inneren Fäulnis und einer Grausamkeit gegen sich selbst, ausgelebt durch untilgbare Schuldgefühle und einen autoaggressiven Masochismus. Es regieren das Ressentiment und der Hass auf alles Mächtige, Schöne und Edle. Im Namen der Liebe, der Gerechtigkeit und der Egalität tobt sich in Wahrheit ein blanker Wille zur Vergeltung aus und bläst zur allgemeinen Nivellierung und Zerstörung. Holzschnittartig kann man sagen, dass der Nihilismus all das ist, was den Menschen in die einfältigste Mittelmäßigkeit herabsinken lässt und die Entwicklung der Kulturen und schließlich der Zivilisationen ausbremst. So ist das beunruhigende Symptom umschrieben, das wir seit Jahrzehnten in Europa feststellen.

Das gesamte Werk Nietzsches beschäftigt sich mit der europäischen Zivilisation. In einem seiner Briefe schreibt er, dass es Europa sei, das die schönsten und reichsten Bibliotheken besitze. Für ihn ist Europa der Ort und Hort des Wissens in der Welt. Diese Zivilisation Europas riskiere nun indes den Ruin und Zusammenbruch. Das ist es jedenfalls, was er vorhersieht: Er sieht die beiden Weltkriege kommen und hat dabei sogar eine Vorahnung, was die Kriegsgründe sein werden. Er sieht zunächst einen großen Krieg am Horizont heraufziehen, in den die Staaten Europas durch die jeweiligen Nationalismen genötigt werden und sodann einen zweiten, noch schrecklicheren Krieg, der im Namen großer Ideologien geführt werden wird. Für die Zeit nach diesen beiden verheerenden Kriegen sagt Nietzsche ein Europa voraus, das sich der selbstvergessenen Lethargie hingibt, an sich selbst ermüdet und nihilistisch bis in die Wurzeln wird.

Das grundsätzliche Problem, das Nietzsche an Europa diagnostiziert, ist der Tod Gottes. Dieser Verlust – gemeint ist natürlich der Niedergang der christlichen Religion im Bewusstsein der Europäer – hinterlässt Europa und seine Einwohner als Waisenkinder. Dies mag paradox klingen, kritisiert Nietzsche doch an anderer Stelle den (jungen) Christianismus als Beförderer der Sklavenmoral. Das Verhältnis Nietzsches zum christlichen Glauben, zur Religion als institutionalisiertem Glauben und zur Kirche ist in der Tat schwierig zu durchschauen und insgesamt vielschichtig. Dies muss jedoch an dieser Stelle nicht umfassend durchdrungen werden,[27] sondern

27 Ich verweise auf meinen YouTube-Vortrag zum Thema mit dem Titel »Dieu ou Nietzsche« (dt.: Gott oder Nietzsche) vom 13. Februar 2021, der sich mit Nietzsches Ansichten und Provokationen zum christlichen Glauben kritisch auseinandersetzt (nur auf Französisch).

es genügt vorläufig, Nietzsches (religions-)soziologisches Argument nachzuvollziehen.

Die Wissenschaft, die an diesem Tode Gottes eine große Mitschuld trägt, nährte lange Zeit die Vorstellung, als neue Religion die alte Religion des Christentums ersetzen zu können. Seit Robespierre und seinem Kult der Vernunft bis hin etwa zu Auguste Comte und anderen mit ihrem Positivismus haben viele versucht, sich als Substitute zur Religion Christi in Position zu bringen. Nietzsche erkennt jedoch klarsichtig, dass die Wissenschaft – bzw. das, was sich als diese ausgibt – grundsätzlich nicht dazu in der Lage ist, solche neuen Werte zu schaffen, die die Menschen zum einen spirituell nähren und zum anderen ihr Zusammenleben dauerhaft organisieren können.

Noch schlimmer, so beobachtet Nietzsche, wird die Lage ferner dadurch, dass sich die europäische Zivilisation zwar von der Kirche im Allgemeinen entfremdet, sich gleichzeitig jedoch das Übelste und Übertriebene aus der Historie dieser Institution bewahrt: das ätzende Moralin. Zusammengefasst lässt das atheistische Europa alles fallen, was brauchbar und nobel an der Religion ist, und behält für seine Zukunft nur das zurück, was die eigene Zivilisation in letzter Konsequenz schwach macht. Um es metaphorisch auszudrücken: Von nun an besäuft sich Europa in seinem Selbsthass an reinem Alkohol, ohne dabei den raffinierten Geschmack guten Weins zu kosten.

Man glaubt zwar nicht mehr an den erlösenden Kreuztod Christi, denkt aber nach wie vor, dass es immer gut sei, auch noch die andere Wange hinzuhalten und den Fernsten mehr zu lieben als sich selbst und seinen Nächsten. Man zeigt sich immer tolerant und liebenswürdig, will stets einen Beweis seines Mitgefühls und Mitleids erbringen, fördert die absolute Gleichheit aller Menschen, fühlt sich schuldig an allen Übeln der Welt, kultiviert einen masochistischen Wahn, vernachlässigt den menschlichen Körper, um den angeblichen »Geist« zu privilegieren usw. Der »aufgeklärte« Europäer von heute glaubt nicht mehr an den christlichen Himmel, säkularisiert jedoch mit Hingabe Werte, die einst nahöstliche Sklaven und Gesocks als primitiven Christianismus auf seinen Kontinent brachten, und lässt nunmehr ausschließlich solchen halbgaren Spinnereien freien Lauf, die schon Gilbert K. Chesterton als »*Christian ideas gone mad*« karikierte.

Joseph de Maistre hatte bereits gesehen, dass die Evangelien ohne die sie einrahmenden Dogmen zu einem mörderischen Gift werden können. Mittlerweile ist es in der Tat dieser Giftstoff, der durch unsere Adern fließt. Nietzsche kritisiert diesen pathologischen Zustand schon in seinen »modernen« Zeiten, jedoch noch viel mehr mit Blick auf die nachfolgende Postmoderne, die er zumindest erahnt. Immerhin gesteht Nietzsche dem Christentum zu, die Schwachen und Armen davon abzuhalten, dem vollkommenen Nihilismus zu verfallen, indem der Glaube ihnen die Hoffnung gibt, zumindest am Ende aller Tage im Himmelreich von Gott bevorzugt geliebt zu werden. Mit diesem Trost verzichteten die abgehängten Schichten auf das Ausleben ihres destruktiven Ressentiments zu ihren irdischen Lebzeiten, so Nietzsche. Das Christentum nährt die Idee, dass die Schwachen ihre vom Leid erlösende Befriedigung und »Gerechtigkeit« – also ihre Vergeltung – im Paradies erlangen würden. »Mein ist die Rache, ich werde vergelten, spricht der Herr«, so liest man im Brief des Apostels Paulus an die Römer (12,19). Heute sind Europa und der Westen voll von Ressentiment-Menschen, die sich leider nicht mit der Aussicht auf den christlichen Himmel zufriedengeben. Aus diesem Grund vermehren sich explosionsartig die Nihilisten.

Ein hässlich aussehender, von seinem verpfuschten Leben frustrierter, zutiefst seelisch kranker *Social Justice Warrior* hätte vor wenigen Jahrhunderten noch in jeder Sonntagsmesse gesessen. Sein pathologischer Selbsthass und seine Verachtung für die Welt um sich herum hätten dank der Gnade der barmherzigen Religion des Christentums ein Ventil gefunden, um den unerträglichen Druck ablassen zu können. Doch heute muss der frustrierte Mensch unablässig gegen seine eigene Zivilisation wüten, getragen von der illusorischen Hoffnung, ein progressives Paradies im Hier und Jetzt errichten zu können. Er imaginiert einen riesengroßen *Safe Space* als Ort, an dem er akzeptiert und sogar geliebt wird *so wie er ist*. Genau das hatte Gott im paradiesischen Garten Eden getan: Er »setzte dorthin den Menschen, den er geformt hatte« (Gen 2,8) – genauso *wie* er ihn geformt hatte. Und so war der Mensch glücklich dort.

Europa und der Westen bewahren die Werte der Sklavenmoral, die sie in einen abstrakten Humanismus übertragen, jedoch ohne die Schönheit und Kraft des Glaubens, um diese Werte zu flankieren und insbesondere zu rechtfertigen. Die Menschen des Ressentiments gibt es seit jeher zahlreich, sie haben jedoch nicht länger die Religion, mit deren Hilfe sie sich ihr Ressentiment und ihre Rachegelüste von der Seele »glauben« können. So wenden sie sich gegen ihre gegenwärtige, irdische Welt und machen sich voller Hass auf, alles in ihrer Umgebung zu zerstören, was attraktiv, gesund, klassisch, traditionell und großartig ist. Sie greifen alles dasjenige an, was sie an ihre eigene Durchschnittlichkeit und Schwäche erinnert.

In diesem Zuge geht die europäische Zivilisation durch eine enorme Krise des Sinnverlusts, eben weil sie es nicht mehr vermag, eine christliche zu sein (»Gott ist tot«). Die Wissenschaft wird niemals mehr als ein billiger Abklatsch des religiösen Glaubens und nichts anderes als eine falsche Erbin sein. André Malraux sollte später über dieses zivilisatorische Dilemma schreiben, dass es den Menschen nichts nütze und erst recht kein Fortschritt sei, auf dem Mond landen zu können, nur um sich dort das Leben zu nehmen. Diesen Selbstmord prophezeit Nietzsche dem ungläubig gewordenen Europa und seinen Völkern.

XXI. Der gute Europäer

Die europäische Zivilisation ist ein Hauptthema in Nietzsches Denken. Sie wird geplagt von der Frage nach ihrer Zukunft: »Wohin steuert unsere moderne Welt? Zur Erschöpfung oder zur Wiedergeburt?«, so fragt Nietzsche sinngemäß ständig. Was ist die europäische Kultur bzw. Zivilisation, was ist ihre Bedeutung – und was droht aus ihr zu werden? Was auch immer Nietzsches Studienobjekte und psychologischen Sezierübungen sind (Christentum, Idealismus, Romantik usw.): Alle werden immer im Hinblick auf den Einfluss untersucht, den sie auf die europäische Seele bereits hatten, haben oder noch haben könnten. Gemeint ist die Seele, die im Griechenland der klassischen Antike geboren wurde, für das Nietzsche ein Spezialist und Bewunderer ist.

Doch woher kommt diese ständige Sorge um Europa bzw. das Abendland bei einem deutschen Philosophen des 19. Jahrhunderts –

des Jahrhunderts der Nationalismen schlechthin? Wie wir in einem vorigen Kapitel gesehen haben, ist Nietzsche anlässlich des (preußisch-)deutsch-französischen Krieges von 1870/71 zunächst ein junger Nationalist, wie so viele andere Deutsche (und auf der anderen Seite Franzosen) auch. Er emanzipiert sich jedoch nach und nach vom verengten Horizont des deutschen Nationalismus und kritisiert ihn bald heftig. Wie und warum vollzieht sich ein solcher Wandel?

Zunächst gerät er allmählich in Opposition zur vorherrschenden deutschen Kultur seiner Epoche, insbesondere zur akademischen Gelehrtenkultur sowie auch der großspurigen, jedoch grobschlächtigen Kultur des Bismarckismus, die noch stark vom Historizismus und dem Idealismus hegelianischen Typs geprägt ist. Die entscheidende philosophische Begegnung mit Schopenhauer bringt ihn sodann in einen Gegensatz zu denjenigen, die er als die »gebildeten Philister« bezeichnet, die die deutschen Universitäten bevölkern. Damit bricht er mit jeder Form von philosophischem Idealismus oder intellektuellem Chauvinismus, wie ihn ein Heinrich von Treitschke zu seiner Zeit verkörpert. Gegenüber diesen borniertereren Geistern entdeckt Nietzsche jene, die er selbstgewiss als seine Vorläufer bezeichnet, die »höheren Europäer, Vorläufer einer großen Politik«, wie Friedrich II. von Hohenstaufen, Goethe oder auch Napoleon.

Der alte Goethe, wie wir ihn vor allem aus den Gesprächen mit Johann Peter Eckermann kennen, ist eine von Nietzsches Leitfiguren im Rahmen dieses wohlverstandenen Europäismus. Es ist der Goethe, der von seinem Haus in Weimar aus nahezu ganz Europa mit einem wohlwollenden und klaren Blick betrachtete, der damals alles empfing, was der gebildete Kontinent an Dichtern, Schriftstellern und Denkern zu bieten hatte, und der sich am abendländischen Kosmopolitismus[28] geistig nährte und bereicherte. Dieser Goethe, der mit seiner Bewunderung für die Französische Revolution (und insbesondere für die geopolitischen Vorteile, die diese für die deutsche Nationalstaatswerdung haben konnte) danebenlag und schlecht begonnen hatte, endete laut Nietzsche als »guter Europäer, ein Europäer der Zukunft«, im Gegensatz zu Wagner, der als großgesinnter Europäer begann (aufgrund all seiner Reisen und Freundschaften), aber dummerweise als Karikatur »des Deutschen« endet, der hoffnungslos verbohrt auf das Germanentum fixiert und beschränkt ist.

Eine andere große europäische Figur, auf die sich Nietzsche bezieht, ist Kaiser Napoleon. Er erkennt in ihm einen so großgearteten Mann, der schließlich zu großartig war, um nur über ein einziges Vaterland zu herrschen, und der mit seiner Sicht ganz Europa umfasste. Er ist für Nietzsche der Mann mit dem reinen Willen, bedeutet so etwas wie die Rückkehr zur Antike und zu einer edlen Männlichkeit, insbesondere nach dem weinerlichen modernistischen Geplänkel eines Rousseau. Auf der Insel St. Helena meditierte Napoleon über eine Vision von Europa, die zu verwirklichen er versagt hatte. Für den abgesetzten französischen Kaiser bestand die absolute Notwendigkeit zu seiner zukünftigen Einheit angesichts anderer entstehender Mastodonten wie den USA oder Russland. Nietzsche ist ihm für eine solche Weit- und Weltsicht zutiefst dankbar.

---

28 Dies ist vom Charakter her etwas fundamental anderes als der globalistische, wurzellose Kosmopolitismus der heutigen *Anywheres*.

Goethe und Napoleon sind für Nietzsche die beiden großen Versuche, das 18. Jahrhundert zu überwinden: Napoleon, der die Qualitäten des Mannes und des Soldaten und den großen Kampf um die Macht wiederbelebt und Europa als politische Einheit begreift. Und Goethe, der sich eine europäische Kultur vorstellte, die alles erben würde, was die Menschheit je erreicht hatte. Die europäische Kultur, die als Erbin aller menschlichen Weisheit und Größe begriffen wird und auf ihre unerlässliche politische Einheit zusteuert: Das war es, was Nietzsche sich in der Nachfolge dieser großen Vordenker vorstellte, und das ist der Grund, warum er niemals mehr aufhören sollte, sich vor allem als Europäer und überzeugter Abendländer zu definieren.

Diese europäische Zivilisation hat indes viele verschiedene Gesichter, die durch den Nationalismus seiner Zeit entstellt werden und die durchaus Gefahr laufen, im Sog der Kriege vernichtet zu werden.

Nietzsche widmet Frankreich viel Aufmerksamkeit. Er sieht in dieser alten Nation die Wiege der abendländischen Kultur schlechthin, die in vergangenen Tagen mehr als jede andere in der Lage war, überlegene Einzelmenschen, eben wahre Aristokraten, hervorzubringen. Aber Frankreich ist mittlerweile völlig erkrankt an seinem revolutionsbedingten Egalitarismus und Demokratismus, die volksseelische Symptome einer tiefsitzenden Lebensverneinung sind. Deutschland, Nietzsches ursprüngliches Heimatland, ist ein Sonderfall. Für Nietzsche existieren die Deutschen als Kulturvolk noch nicht, sie sind noch in der Ausbildung. Das impliziert eine chaotische, noch grobe kollektive Seele, aus der Positives hervorgehen kann (wie die Griechen werden – sogar physisch –, so erhofft es Nietzsche vom aufstrebenden Germanismus), aber auch Schlechtes (z.B. sich in einem zerstörerischen Nationalismus/Chauvinismus zu verfangen). Im Gegensatz zum durch die Revolution verweichlichten Frankreich gibt es in Deutschland noch einen Willen und eine spürbare Männlichkeit (eine »Form«). Die Frage bleibt nur, was es daraus machen wird: Wird dieser virile Wille zum Nutzen Europas oder zu seinem Nachteil eingebracht? Wir wissen leider nur zu gut, was später daraus erwachsen ist.

Die Engländer, und mit ihnen das gesamte angelsächsische Modell, werden von Nietzsche eindeutig verachtet. Das Einzige, was er ihnen zugestehen mag, ist, dass sie sicherlich weniger als andere Völker an der »Kränklichkeit des Willens« leiden. Ihr Wille zur Macht scheint in der Tat intakt zu sein, oder zumindest fast – aber um was damit zu tun? Das Problem des Angelsächsischen ist seine wesentliche Kongruenz mit der Moderne. Die schlimmsten modernen Ideen kommen unweigerlich aus England oder von den angelsächsischen Amerikanern; sie formen das merkantilistische, krämerisch-kommerzielle, halbgebildete, wenig geistreiche und im tiefsten Grunde gewöhnliche Individuum der Zukunft. Angelsächsische Vorstellungen fordern den *letzten Menschen*, den niederträchtigsten von allen – schließlich den Postmodernen par excellence.

Die Russen hingegen sind für Nietzsche immer die »Barbaren« des Ostens, die Gemeinen, ja sogar die Untermenschen. Dennoch meint er das nicht (nur) in einem pejorativen Sinne. Im Gegenteil, dieser Zustand, der noch der unerbittlichen Barbarei nahekommt, diese Fähigkeit zur Härte gegenüber dem eigenen Dasein, bewirkt, dass die Russen unter den europäischen oder verwandten Völkern am wenigsten an der Krankheit des Willens leiden. Mit Selbstverleugnung, Zähigkeit, stoischer Geduld und Kaltblütigkeit können sie ihren Willen für lange Zeit festigen. Vor dieser Einschätzung sieht Nietzsche die kommende Rolle Russlands im europäischen Spiel der abendländischen Zivilisation mit großer Klarsicht: Als wüste Barbaren (und einige Jahre später als Bolschewisten) mögen sie potenziell zu einer Bedrohung für den Westen werden, dank der letztlich Europa geeint werden könnte.

Die Juden schließlich sind für Nietzsche unbestreitbar ein Bestandteil Europas und, mehr noch, ein Teil des abendländischen Problems. Ist er also ein Antisemit? Wenn es auch stimmt, dass Nietzsche, ganz Kind seiner Zeit, manchmal sehr hart mit der historischen Rolle ins Gericht geht, die er den Juden zuschreibt (sie sind vor allem die Anstifter des Gedankens des Sklavenaufstandes in der Moral, gemeinsam mit dem frühen Christentum), ist er dennoch ein empörter wie erbitterter Gegner des grassierenden Antisemitismus seiner Zeit, in dem er bloß Neid, Missgunst und einfältige Vulgarität sieht. Nietzsche ist vielmehr der Ansicht, dass die Juden Europa viel Positives gebracht haben (einschließlich eines oft unterschätzten Beitrages zur europäischen Eigenständigkeit und Einzigartigkeit, da er den jüdischen Händlern des Mittelalters dafür dankt, dass sie es verhindert hätten, das christliche Abendland zu einem Teil Asiens werden zu lassen). Andererseits meint Nietzsche, die Juden hätten auch viele schädliche Einflüsse mit sich gebracht, allen voran die unerschöpfliche Quelle von Dekadenz und Nihilismus, nämlich die aus Ressentiments entstehenden tiefen negativen Gefühle. Ihm ist jedoch klar, dass die Zukunft Europas nicht ohne die Juden stattfinden wird und dass es daher vor allem wichtig ist, sie an die europäische Zivilisation zu binden, anstatt sie zu Feinden zu machen. Aus diesem Grund greift Nietzsche die »antisemitischen Schreihälse«

immer wieder heftig an und geht am Ende seines geistig noch halbwegs gesunden Lebens sogar so weit, diese pöbelhaften Judenfeinde alle an die Wand stellen und erschießen lassen zu wollen.

Gemäß Nietzsches Position, nach alldem zusammengefasst, muss sich dieses flickenteppichartige Europa vereinen, da es sonst bald zerstört zu werden droht. Die Kriege, die es treffen werden und die Nietzsche Ende des 19. Jahrhunderts recht genau voraussieht, werden es erniedrigt und gequält zurücklassen. Die vereinte europäisch-abendländische Zivilisation muss die politische und menschliche Reaktion gegen Barbarei und Nihilismus sein. In der Zwischenzeit ist die Seele dieser Zivilisation aus der Sicht des »guten Europäers«, der Nietzsche sein wollte, jedoch in eine selbsthassende und weitreichende Dekadenz eingetreten.[29]

---

29 Nietzsches europäisches Erbe ist kontrastreich. Seit dem Ende des 19. Jahrhunderts, vor allem in Paris, beginnen intellektuelle Zirkel um die Symbolisten Stéphane Mallarmé und Jules de Gaultier damit, seine Gedanken zu teilen. Dann verbreitet sich plötzlich, kurz vor dem Ersten Weltkrieg, ein Nietzscheanismus, der wie mit Messern zerteilt zu sein scheint und einem Steinbruch gleicht, aus dem sich jeder Leser die ihm jeweils genehmen Teile herausbricht. Viele deutsche Soldaten ziehen mit *Also sprach Zarathustra* im Tornister an die Front, mit der Vorstellung, dass der Krieg die sich entfremdende modern-industrielle Zivilisation regenerieren würde. Hitler und vor allem Mussolini sind große Bewunderer Nietzsches, aber sie werden ihre Politik niemals auf eine bewusst abendländisch-europäische Ebene heben. Der »europäische« Nietzscheanismus lebt am stärksten in intellektuellen Figuren wie Ernst Jünger. Der noble Autor des Kriegsromans *In Stahlgewittern* ist ein Held des Ersten Weltkriegs. Zunächst nähert er sich den Nationalsozialisten an, um sich nach einigen Jahren jedoch wieder von ihnen zu distanzieren. 1939 verfasst er *Auf den Marmorklippen*, in welchem er die Barbarei, Großmannssucht und die Brutalität der Nazis kritisiert. Hitler wagt es aber nicht, etwas gegen ihn zu unternehmen – zu groß ist Jüngers Ruf als vorbildlicher Deutscher und Kriegsheld. Jünger ist ein europäischer Aristokrat, ein wahrer *Übermensch*. Er ist der Mann, der Freunde in ganz Europa hat, und besonders im kultivierten Frankreich, das Nietzsche so sehr liebte. In Paris verkehrt er mit Marcel Jouhandeau, Alfred Fabre-Luce, Henry de Montherlant, Jean Cocteau, Paul Morand und ande-

XXII. Die Dekadenz Europas und der letzte Mensch

Nietzsche schließt auf eine bereits tiefsitzende Dekadenz Europas anhand verschiedener sichtbarer Symptome, die – wie so oft – wiederum zu Ursachen werden in einer Art Teufelskreis: Die Symptome einer Fäulnis befördern das weitere Verfaulen und fressen sich weiter. Ein *dekadentes* Individuum, so wie Nietzsche dieses Adjektiv verwendet, ist also gleichsam ein Symptom wie auch eine Ursache für die um sich greifende Dekadenz als Zustandsbeschreibung für eine ganze Zivilisation. Der Dekadente ist Opfer des grassierenden Nihilismus, zugleich jedoch sein Agent.

In der Menge der Symptome der Dekadenz thront das bereits besprochene herrschsüchtige Moralin über allen anderen. Man wird insbesondere dann von ihm vergiftet, wenn man alt und krank ist, wenn der eigene Körper schwächer wird und weniger kräftig, um vital auf die Lebensumstände reagieren zu können, und wenn er uns leidend macht. In dieser Weise moralisch zu sein, ist kein Zeichen von Intelligenz oder Empathie, sondern von anwachsender Müdigkeit, Niedergeschlagenheit und Apathie. Schon die alten Römer haben diese Gefühlsstimmung als *taedium vitae* beschrieben, also als herunterziehende Lebensunlust, die schließlich unheilbar zum Suizid führen muss. Die europäische Zivilisation, die ihre Mo-

ren. Er ist ein hochdekorierter Krieger, aber auch Schriftsteller, Reisender und Künstler. Jünger plädiert für eine europäische Einigung im Namen der großen abendländischen Kultur. Kurzum, er ist unbestreitbar ein »guter Europäer«, wie ihn Nietzsche sich gewünscht hat. Im Gegensatz dazu hat sich die Europäische Union – meines Wissens – nie auf Nietzsche als geistigen Urvater berufen. Das ist jedoch nicht weiter verwunderlich.

ralität als vermeintliche Lehre aus zwei blutigen Weltkriegen über alles hochhält, fühlt sich heute ausschließlich ihren heißgeliebten »humanitären Werten« und der Fremdenliebe statt der Eigenliebe verpflichtet. Dies ist ein untrügliches Zeichen für die beschriebene Fatigue und Selbstmüdigkeit. Es bedarf der Kraft und Jugendlichkeit, um kühl intolerant sein zu können; um Nein zu sagen und ein Ideal der Großartigkeit – entgegen allen Widrigkeiten um uns herum – zu verfolgen. Ohne dieses Gefühl der Stärke und Jugend in sich, will man nicht mehr *gegen* den Rest der Welt stehen, sondern man will sich ihr unterordnen und sie akzeptieren und noch schlimmer: Man nimmt hin, was einen selbst bedroht.

Ein anderes Symptom der Dekadenz, das wiederum selbst zur weiterfressenden Ursache wird, nennt Nietzsche etwas kryptisch die »buddhistische Friedensbewegung« im abendländischen Geist. Über die Philosophie des Buddhas sinnierend, kommt Nietzsche zu dem Schluss, dass es sich um eine Art »besänftigenden Christianismus« handelt, das heißt um eine versöhnliche, abgemilderte, geistlich verpackte Warnung vor einer Welt ohne die Rache der Sklaven, die sowohl die Erschaffung des Buddhismus als auch des Christentums erst bedingt hat. Der Buddhismus ist in seiner Essenz eine Angst vor dem (irdischen) Leiden, was nur erklärlich wird, wenn man erkennt, dass dem Schmerz im buddhistischen Denken viel zu viel Aufmerksamkeit geschenkt wird. Das versprochene letzte Heil im Buddhismus stützt sich maßgeblich auf ein umfassendes Desinteresse an der Welt, das sich in einem freiwilligen Rückzug von ihr und einer Vernebelung, einer *weltfremden* Schläfrigkeit der Sinne manifestiert.

Diesen postchristlichen Geist sieht Nietzsche *peu à peu* in Europa heraufziehen. Er bemerkt eine Geisteshaltung, die sämtliche

Problemstellungen auf die Frage nach Freude und Leid in einem der *Leiden*schaft beraubten Dasein reduziert. Hier streben die leidenschaftslosen Menschen nur noch nach Ruhe und Ordnung, geringer Arbeit mit auskömmlichem Lohn, Tugendhaftigkeit in kleiner Münze (»Mäßigung«), einem weichen Bett, gleichbleibender Gesundheit und denken alle Konflikte ausschließlich in Begriffen des individuellen Rechts. Hier ist nichts als ein moderates Streben nach dem kleinen, eigenen Glück. Den Aristokraten und Starken ist das Glück völlig egal, sagt uns Nietzsche durch den Mund Zarathustras (»Frei von dem Glück der Knechte«), denn für diese zählt nur ihr Werk und ihr Schicksal. Die sogenannte kleinbürgerliche Mentalität der Menschen mit domestizierten Instinkten bringt eine Art »Buddhismus für Arme« zum Vorschein und ist der Humus für die Vermassung in unseren gegenwärtigen Gesellschaften. Diese Massen-Individuen sind die *letzten Menschen*, die allerdekadentesten unter uns.

Noch ein weiteres Anzeichen der Dekadenz ist – zunächst paradox – das Gegenteil eines festen oder gar absoluten Glaubens an bestimmte große Überlieferungen. Ich spreche vom Relativismus und Atheismus. Dies mag *a priori* seltsam klingen, weil Nietzsche selbst ein heftiger Kritiker der psychologischen Hintergründe und Triebfedern der Religionen sowie rein intellektueller Konstruktionen, etwa nicht zuletzt der moralischen Ideen, ist. Gleichzeitig verhält es sich so, dass die Antriebslosigkeit, an überhaupt nichts und niemanden zu glauben sowie sich über alles gleichermaßen lustig zu machen, ebenso aus der nihilistischen Lebensmüdigkeit erwächst. Die Entschluss- und Willenlosigkeit, ja der stumpfe Fatalismus vieler unserer Zeitgenossen, die immer nur mit den Schultern zucken und jedes Engagement – und damit auch sämtliche Konflikte – verschmähen, deuten auf eine bestimmte Art Dekadenz hin, die dem Fanatismus und moralinsauren Hyperaktionismus spiegelbildlich gegenübersteht. Beide Menschentypen, der fundamentalistische Torquemada und der teilnahmslose Zombie, haben ihren Ursprung im Nihilismus und befeuern diesen gleichermaßen, weil ihnen der Hass auf das reale Leben und der (vielleicht unbewusste) Wille, dieses möglichst schnell zu »überwinden«, gemeinsam sind.

Die offensichtlichste Erscheinung der Dekadenz Europas ist seine gegenwärtig vorherrschende Politik. Zur Charakteristik der »Modernität« schreibt Nietzsche, dass sie den »Abbruch der Traditionen« bedeute, die »Auflösung aller Autorität, alles Respekts aller Traditionen«. Hieraus resultieren Desorganisation und eine latent schwelende Anarchie, die sich hinter modernen Institutionen verbirgt. Dagegen rege sich jedoch »der Instinkt der *Tradition*, die tiefste Verachtung gegen alles was die *Tradition* unterbrach [...]. Der Instinkt gegen die Degenerescenz.« Die Tradition und der klassische Geist stehen für all das, was die Menschheit an Großartigem erreichen konnte, dank einer lange eingespeicherten Weisheit und eines Willens, der sich über Jahrhunderte erstreckte. Diese erlaubten niemals die menschliche Perfektion, denn diese bleibt unerreichbar, aber eine Veredelung im Einzelnen, eine Reifung hin zu dem, was dem menschlichen Besten nahekommt.

Nietzsche beschreibt die Klassik als dasjenige, was noch rein und gesund gewesen ist. Die Formen des Politischen in der Klassik sind aus Instinkten der Kohäsion, Hierarchie und Autorität geboren und als solche essenziell für eine Zivilisation. Die Abkehr hiervon, so schreibt er, ist die heutige Liebe im Politischen für alles, was sich um eilige Dekomposition bemüht: Demokratie und Sozialismus.

Dies sind die am meisten degradierten und degenerierten Formen der Ausübung von Politik. Nietzsche sieht schon in seiner Epoche den »Erfolg« von Demokratisierung und Sozialismus heraufziehen und er verdammt diese säkularisierten Ebenbilder der Sklavenrevolte, die nichts weiter als die Früchte des egalitären Ressentiments sind und Spielarten eines profanen Christentums ohne edle Großartigkeit. Hier gelangt nur zum Erfolg, was größtmöglich plebejisch, niedrig, pöbelhaft und verlumpt ist. Demokrat und Sozialist ist, wer in seiner Degeneration die Menschen in einen Zustand der Herde bringen bzw. in diesem halten will. Dafür werden alle möglichen Bedingungen, die das Erscheinen von höhergearteten und -gesinnten Individuen befördern könnten, unterdrückt oder ausgemerzt. Alles versackt auf einer gleichheitssüchtigen Müllhalde.

Es sind inferiore Wesen, die in der Demokratie und im Sozialismus herumwimmeln und auch noch in ihrem So-Sein ermutigt werden. Herdeninstinkte werden privilegiert gegenüber den Instinkten der Exzellenz und des Edelmutes. Beide Formen des Politischen, Demokratie und Sozialismus, benötigen für ihren Fortbestand brave Schafe, eine weitreichende Domestikation, einheitliches Denken und Untertanen, die in jedem Fall passiv, also *inoffensiv* sein müssen. Was nur unter dysgenischen Faktoren entstehen konnte, braucht ebendiese zum Überleben. Das Verwerflichste ist, dass in diesen degenerierten Systemen immer noch Eliten die »kleinen Leute« beherrschen, aber sie begründen ihre Dominanz heuchlerisch, nämlich im Namen von perversen Werten oder dem Gott des Geldes. Nietzsche misstraut dem merkantilen, utilitaristischen und krämerischen Denken – insbesondere der Angelsachsen – zutiefst und er weist darauf hin, dass Demokratie und Sozialismus (!)

unausweichlich dorthin führen müssen: zu einem immer schwächeren Volk und einer immer niederträchtigeren Elite.

Obendrein können sich Demokratie und Sozialismus nur am Ruder halten, wenn sie die technokratische Staatsmaschine unendlich aufblähen. Für Nietzsche ist der Staat gemäß seiner berühmten Formulierung »das kälteste aller kalten Ungeheuer«. »Kalt lügt es auch; und diese Lüge kriecht aus seinem Munde: ›Ich, der Staat, bin das Volk.‹ Lüge ist's!« Im Gegensatz zu Hegel, der im Staatswesen das höchstgeartete Instrument sah, das sich die Menschheit mit ihrer Vernunft nur schaffen konnte, entdeckt Nietzsche hierin die tragende Institution für ermattete und schwache Menschen, die sich in ihrem Sklavendasein behaglich eingerichtet haben.

Der Staat bedarf notwendigerweise der Sklaven. Er favorisiert gehorsame und haustiergleiche Individuen, die letztendlich bloß austauschbare, nützliche Idioten sind. Diese Kritik am Staat macht aus Nietzsche dennoch keinen Anarchisten oder Libertären. Dem Beispiel Edmund Burkes folgend, hält er eine konservative, freie und virile Ordnung hoch und bringt diese in Stellung gegen eine unauthentische Un-Ordnung mit absoluter bürokratischer Kontrolle – also gegen den modernen Staat, der die Menschen immer weiter infantilisiert und dominiert; übrigens nicht erst seit dem Erscheinen des Coronavirus.

Diese politische und moralische Dekadenz, dieser tiefsitzende Nihilismus, sind Ursachen und zugleich Symptome des *letzten Menschen*, der der verachtenswerteste unter uns ist.

In *Also sprach Zarathustra* gibt uns Nietzsche eine nähere Beschreibung dieses Typus und es ist unschwer zu erkennen, dass es sich hierbei im Wesentlichen um ein Portrait des postmodernen Individuums unserer Gegenwart handelt. Der letzte Mensch ist der Erschöpfte, der nicht länger Großartiges hervorbringen kann, der gegenüber allem und jedem skeptisch geworden ist, der nicht mehr intensiv leben kann, aber trotzdem möglichst lange am Leben bleiben will, der alles ins Kleine herunterputzt und lächerlich macht, was gestern noch groß und nobel war. Es ist der Mensch, der auf der Suche nach seinem kleinen – kleingeistigen – Glück ist und allem entflieht, was ihn leiden lassen könnte. Dieser sucht stets den möglichst leichten Weg und flieht in die wärmenden Arme des Nächsten und in eine Liebe, in der er sich wie ein behütetes Kind fühlen kann. Der letzte Mensch akzeptiert ausschließlich solche Doktrinen, die ihm von Gleichheit und Toleranz künden, da er als Herdentier nur die Herde selbst als Führung wertschätzt. Er ist selbst dermaßen durchschnittlich und unspektakulär, dass er unter allen Umständen die Anerkennung und Wertschätzung der anderen benötigt, um sich als Persönlichkeit angenommen und bestätigt zu fühlen. Mit der kindischen Behauptung, dass vor seiner eigenen Lebenszeit alle Menschen verrückt oder bösartig gewesen sein müssen, fühlt er sich gegenüber seinen Ahnen moralisch und charakterlich überlegen. Diese seien nichts weiter als abscheuliche Barbaren, Unterdrücker oder Rassisten gewesen.

Es ist dieser Typus des letzten Menschen, der heute die politischen Geschicke und Zügel der europäischen Zivilisation in seinen Händen hält und das Abendland geradewegs in die Katastrophe lenkt. Es sind unbewusste Todestriebe, die jetzt dominieren. Der letzte Mensch will in seinem tiefsten Innern (ab-)sterben, gleich einer mürrisch gewordenen, jedoch sehr sensiblen alten Person, die langsam durch Demenz ihr Gedächtnis verliert und sich psychologisch in ein Kindheitsstadium zurückentwickelt. Das Hin-und-her-Wandern zwischen verschiedenen Ärzten, angeblich um das Leben ein Stückchen zu verlängern, sind in Wahrheit eine schlechte Verschleierung des radikalen Willens, das Leben endlich zu beenden.

Diese Dekadenz ist jedoch nicht unentrinnbar. Es ist uns möglich, gegen sie zu revoltieren, indem man sein eigenes Sein und Dasein in einer bestimmten Transformation umwandelt sowie eine (erneute) Umwertung aller Werte vollendet. Man beginnt, außergewöhnliche und höhergeartete Menschen um sich zu scharen und sich gegenseitig wertzuschätzen und zu unterstützen. So schließlich – sagt Nietzsche – entdecken wir den *Übermenschen* in uns.

XXIII. Revolte gegen den Nihilismus

An diesem Punkt der Lektüre haben wir das Essenzielle der Philosophie Nietzsches kennengelernt, um unsere eigene Epoche verstehen zu können. In ihr regiert der unbeschränkte Nihilismus, wir sind die letzten Menschen und unsere europäische Zivilisation rast auf den alles verschlingenden Abgrund der Vernichtung zu. Ist Nietzsche also ein hoffnungsloser Pessimist? In einem gewissen Umfang ja, ohne Zweifel. Heidegger fügt jedoch hinzu, dass Nietzsches Denken einen *aktiven Pessimismus* hervorbringt, im Unterschied zum passiven Pessimismus eines Schopenhauers oder Buddhismus, der wiederum dem Nihilismus gefährlich nahe verwandt erscheint.

Nietzsche macht sich, durch den Mund Zarathustras und den Willen zur Macht, zum Verkünder einer neuartigen *frohen Botschaft*, das heißt, er macht den Menschen das Angebot einer Möglichkeit, um den Nihilismus und (damit auch) sich selbst als letzte Menschen zu überwinden. Dies ist die Verkündung des *Übermenschen*.

Nichts steht anschaulicher für die Vermeidbarkeit und Überwindung des Nihilismus, als die Persönlichkeit Nietzsches selbst. Wohl kaum jemand auf dieser Welt, so bekennt er, hätte mehr Gründe, zum ressentimentgeladenen Dekadenten zu verkommen und sich für das deprimierende Leben rächen zu wollen. Er ist ein chronisch Kranker, der oftmals heftige Qualen durchleiden muss. In unserer heutigen Welt mit ihren überdrehten Ansprüchen an merkantilen Erfolg, würde man vermutlich sagen, dieser Nietzsche sei ein *Loser*. Seine Werke verkaufen sich schlecht (vom dritten Teil seines *Zarathustra* wurden nur vierzig Exemplare gedruckt), er ist ein vergeistigter Vielreisender und die einzige Frau, die überhaupt sein Interesse weckte, hat ihn rasch abblitzen lassen. Dieses Pech in der Liebe hätte ihn verbittern und dazu bringen können, Gift und Galle auf die Frauenwelt und auf die Sexualität als solche – Quelle des Lebens – zu spucken. Doch wir finden bei Nietzsche nichts dergleichen. Er ist zwar entschiedener Antifeminist (die Nivellierung der natürlichen Geschlechterunterschiede sei ebenfalls untrügliches Zeichen des Nihilismus), jedoch macht er »den Frauen« keinerlei Vorwurf oder attackiert die Weiblichkeit im Allgemeinen.

Im Widerstand zu allen nihilistischen Versuchungen, die in ihm das Ressentiment gegenüber dem Leben und der Natur hätten entfachen können, glorifiziert Nietzsche ebendieses Leben und diese Natur. Er steht ganz bewusst zu den Anzeichen seiner eigenen Dekadenz, aber er lehnt sich gegen sie auf. Nietzsche kann die psychologischen Mechanismen, die zu einer Vergeltungssucht gegen die

Existenz verführen, besonders trefflich offenlegen, weil er diese selbst nagend in sich verspürt und sie stets danach trachten, sich auch in seinem Dasein zu äußern. Es ist die Dekadenz, die aus ihm spricht, doch Nietzsche gelingt es in einem übermenschlichen Kraftakt, sich gegen die Sirenengesänge in seinem Inneren zu stellen, die ihn in den Abyss des Ressentiments locken wollen. Das Ruhmreiche an Nietzsche besteht darin, dass er fähig ist, allen pathologischen Ballast seiner menschlichen Schwäche in die Stärke *über-menschlicher* Klarsicht umzuwandeln.

Zum Übermenschen wird man laut Nietzsche, wenn man sich zu wandeln weiß. Die Mehrheit der Menschen ist einer solchen inneren Revolte gegen sich selbst unfähig und sie werden niemals diesen Grad an Hellsichtigkeit und Einsicht in die Transformation gewinnen. Im *Zarathustra* heißt es dazu: »Erkennen: das ist *Lust* dem Löwen-willigen! Aber wer müde wurde, der wird selber nur ›gewollt‹, mit dem spielen alle Wellen. Und so ist es immer schwacher Menschen Art: sie verlieren sich auf ihren Wegen.« Nietzsche beerdigt hier meisterhaft alle Illusionen derer, die sich anschicken, die Menschheit veredeln zu wollen, indem sie auf das Herz und den Willen der Mehrheit zählen. Wenn die meisten Menschen lediglich dazu gemacht sind, (geistig) in Ketten zu liegen und bloß nach der Absicht der wenigen Privilegierten, die *wollen können*, zu funktionieren, dann müssen wenigstens diese privilegierten Wollenden in der Lage sein, sich in den Übermenschen zu wandeln, um der Menschheit erneut großartige Leistungen schenken zu können, ganz nach dem Vorbild der klassischen Griechen. Diese Individuen, diese Schöpfer neuer Werte, müssen sich – Nietzsche zum Vorbild nehmend – gegen den Nihilismus auflehnen, der in jedem von uns schlummert. Sie müssen diese bösartige, unheilvolle Kraft in die heroische Philosophie der Liebe zum Leben (*amor fati*) umwandeln.

Der Übermensch ist nicht, anders als in mannigfachen Karikaturen dargestellt, ein Koloss, Adonis oder Jünger eines wie auch immer ausgeprägten Kulturalismus. Ebenso wenig ist man nur dann Übermensch, wenn man im heutigen vermixten Sprachgebrauch ein *Winner* ist. Howard Roark, der nietzscheanische Held Ayn Rands in ihrem großen Roman *Der ewige Quell* (bzw. *Der Ursprung*) ist sogar über lange Strecken der Archetyp eines *Losers*, zumindest anhand derjenigen Kriterien, nach denen die kapitalistische Gesellschaft Erfolg misst (vor allem Geld und soziales Ansehen). Roark bezieht tiefe Befriedigung und Motivation aus seiner eigenen, besonderen Persönlichkeit und seiner jeweiligen Tätigkeit, ohne auf das Wohlwollen oder den Applaus anderer Menschen angewiesen zu sein. Es wird deutlich, dass Roark der eigentlich höhergeartete Mensch im Vergleich zu seinen Architektenkollegen ist, die sich nur an ihren kleinen, einfachen, heuchlerischen und konformistischen Erfolgen festklammern und diese zum eigenen Menschsein notwendig brauchen.

Vor allen anderen ist der höhere Mensch befähigt und besitzt die Einsicht, sich gegen die todessüchtige Dekadenz in seinem Innersten zu stemmen. In der Höhle Zarathustras, die einmal potenzielle Kandidaten der Übermenschlichkeit beherbergt, sind naheliegenderweise Könige, ein Zauberer und ein Papst, aber man trifft dort auch einen hässlichen, ekelerregenden Mann – der abscheulichste aller Menschen. Doch Zarathustra sagt über ihn: »Auch dieser da liebte sich, wie er sich verachtete, — ein grosser Liebender ist er mir und ein grosser Verächter. Keinen fand ich noch, der sich tiefer verachtet hätte: auch Das ist Höhe. Wehe, war Der vielleicht der höhere *Mensch*, dessen Schrei ich hörte?« Wir sind weit entfernt vom idealisierten, optimistischen Klischee des Übermenschen, das Arno Breker mit seinen Statuen verewigen wollte. Der hässlichste Mensch ist auf dem Weg zum Übermenschen, weil er sich dem Mitleid der anderen verweigert und gelernt hat, zu lieben, was er ist. Er akzeptiert sein Dasein als Fatum, als Schicksal und kann schließlich seinen Frieden mit dem Leben machen. Derjenige, der seine Art sowie die kriegerische, tragische, gewalttätige Natur anerkennt und lachend über den zuweilen düsteren Wolken seines Schicksals tanzen kann, befindet sich auf dem Weg des Übermenschen. Dieser triumphiert über den Nihilismus, der *in ihm* und *um ihn herum* existiert. Um eine derart heldenhafte Transformation meistern zu können, weist uns Nietzsche mehrere Wege, die in ihrer Gesamtheit ein philosophisches Programm zur Persönlichkeitsentwicklung bilden. Doch auch wenn er sich an den Einzelnen wendet, so ist es nicht irgendein Individuum: Nietzsches Philosophie ist nicht »für die Menschheit« und schon gar nicht für den »gewöhnlichen« Menschen. Sie adressiert eine Aristokratie. Besser gesagt: Sie will eine solche erschaffen.

XXIV. Radikaler Aristokratismus

Julius Evola würde wohl, um die Philosophie Nietzsches zu umschreiben, sagen, dass sie im Wesentlichen aus einem »radikalen Aristokratismus« besteht. Zusammenfassend ist damit gemeint, dass nur edle Geister, Taten, Verhaltensweisen, Werte und Wünsche es verdienen, gefeiert, ermutigt und – mit einem Wort – *aufgewertet* zu werden. Alles andere darf nur dazu dienen, solche Noblen hervorzubringen und zu erhalten, ja selbst wenn das bedeutet, sich mit diesem Rest extrem hart zu zeigen. Das Ziel der Menschheit soll nicht, wie man sich das heute gemeinhin vorstellt, Menschheit und Menschlichkeit »um ihrer selbst willen« sein. Das würde bedeuten, dass man, wie Heidegger 1947 in seinem *Brief über den Humanismus* sagt, die Würde der Menschheit, die man zu lieben vorgibt, nicht zu hoch ansetzt. Der Zweck der Menschheit besteht aber vielmehr darin, überlegene Individuen – wenn nötig, sogar überlegene Völker – zu erzeugen.

»Jede Erhöhung des Typus ›Mensch‹ war bisher das Werk einer aristokratischen Gesellschaft – und so wird es immer wieder sein: als einer Gesellschaft, welche an eine lange Leiter der Rangordnung und Wertverschiedenheit von Mensch und Mensch glaubt und Sklaverei in irgendeinem Sinne nötig hat«, schlussfolgert Nietzsche ohne moralischen Skrupel. Warum eigentlich? Weil die Aristokratie eine permanente Forderung an sich selbst ist – das berühmte »Adel verpflichtet« eben –, während der Rest nur eine abweichende Verweichlichung ist, eine Litanei von existenziellen Zugeständnissen an die niedersten Instinkte. Diese ständige Forderung ermöglicht allein die Schöpfung, die Erhebung, die Ausnahme, die taghelle und schöne Kraft, die mit den profundesten Regeln der Existenz übereinstimmt. Charles Baudelaire, der die gleichen aristokratischen Vorlieben hatte wie Nietzsche zu einer Zeit, die immer mehr zum gröbsten Demokratismus tendierte, schrieb: »Es gibt nichts Großes in der Menschheit außer dem Dichter, dem Priester und dem Soldaten, dem Mann, der singt, dem Mann, der segnet, dem Mann, der opfert und sich selbst opfert. Für den Rest genügt es die Peitsche.«[30]

Singen (erschaffen), segnen (das Leben lobpreisen), töten (den Willen zur Macht annehmen und betätigen) und schließlich bereit sein, sich zu opfern, also seine Existenz höher stellen als sein Leben: Das ist der ganze Aristokratismus. Nietzsche schreibt: »Zum ersten Male brachte ich wieder den Gerechten, den Helden, den Dichter, den Erkennenden, den Wahrsager, den Führer zusammen. Über den Völkern stellte ich mein Gewölbe hin: Säulen, auf denen auch ein Himmel ruht – stark genug, einen Himmel zu *tragen*. (So soll der Übermensch sprechen!).« Die »Peitsche für den Rest« ist ein Echo des schrecklichen »Die Schwachen und Mißratenen sollen zugrunde gehn: erster Satz *unsrer* Menschenliebe. Und man soll ihnen noch dazu helfen«, wie Nietzsche es bewusst provokant in seinem *Antichrist* ausruft.

In Wirklichkeit ist die Forderung nach einer Aristokratie für Nietzsche umso wichtiger, als sie in der Mitte eines aufdämmernd demokratischen, sozialistischen – kurzum modernen – Jahrhunderts steht. Eines Jahrhunderts, das unweigerlich und in Massen sowohl Barbaren wie Sklaven hervorbringen wird. Diese aristokratische Forderung ist bei weitem das wichtigste der Probleme, die die Philosophen umtreiben sollten; weit mehr als, zum Beispiel, die soziale Frage. Er sagt es deutlich in *Jenseits von Gut und Böse*: »[…] ich rühre bereits an meinem *Ernst*, an das ›europäische Problem‹, wie ich es verstehe, an die Züchtung einer neuen über Europa regierenden Kaste.«

30 Oder es genügen, wie er an anderer Stelle abschätzig schreibt, »die Berufe«, also die (einfache) Arbeit.

Wie wir gesehen haben, ist Nietzsche ein im Grundsätzlichen antimoderner Denker. Er betrachtet die Moderne als einen gigantischen dekadenten Prozess, der die Menschen klein macht, während er sie zugleich in falscher, künstlicher Zufriedenheit wiegt. Diese Abwertung der Menschheit wird auch unerträgliche Despotien begünstigen. Folglich ist der Sozialismus »die zu Ende gedachte Tyrannei der Geringsten und Dümmsten, der Oberflächlichen, der Neidischen und der Dreiviertels-Schauspieler«. Dieser Sozialismus, diese Diktatur der egalitären und mittelmäßigen Massen, einhergehend mit der Stärkung des Staates als Instrument zur Domestizierung der freien Seelen, wird – laut Nietzsche – unweigerlich im zerfallenden Europa entstehen. Angesichts dieses von der Moderne hervorgerufenen Phänomens bleibt nur eine Alternative, die Nietzsche perfekt zusammenfasst: »Es formt sich eine Klasse von Sklaven, lasst uns auch dafür sorgen, dass sich *auch* ein Adel bildet.« Um die Menschheit – gewissermaßen – zu »retten«, muss man sie von oben nach unten in den Blick nehmen. Man muss eine Klasse oben festlegen, die für die Ausdünstungen des Vulgären von unten undurchlässig ist. Andernfalls wird sie unweigerlich untergehen.

Wie kann ein solcher Adel entstehen? Paradoxerweise kann sich die Aristokratie gerade inmitten der scheinbar schlechtesten Bedingungen herausbilden. Nietzsche bejubelt im Grunde sogar den Aufstieg der demokratischen Gefühle im Volk, da diese, während sie eine große plebejische Masse hervorbringen, notwendigerweise gleichzeitig eine Elite gebären, die diese demokratischen Instinkte abstößt: »Der Anblick des jetzigen Europäers gibt mir viele Hoffnung: es bildet sich da eine verwegene herrschende Rasse, auf der Breite einer [...] Herden-Masse.« Diese neue Aristokratie wird also aus der Dekadenz heraus entstehen, von der sie jedoch eigentlich verachtet wird. »Grundsatz: es gibt etwas von Verfall in allem, was den modernen Menschen anzeigt: aber dicht neben der Krankheit stehen Anzeichen einer unerprobten Kraft und Mächtigkeit der Seele. *Dieselben Gründe, welche die Verkleinerung der Menschen hervorbringen,* treiben *die Stärkeren und Seltneren bis hinauf zur Größe.*« In das moderne Chaos treten die höhergearteten Einzelmenschen und sie werden sich gegenseitig daran erkennen, dass sie »der *größten Härte gegen sich selber* fähig sind, und den *längsten Willen* garantieren können«.

Vor diesem Hintergrund ist die Wiederbelebung Nietzsches durch die politische und philosophische Linke nach dem Zweiten Weltkrieg eine der größten irreführenden Mystifikationen, die man überhaupt nur begehen kann. Georges Bataille, Gilles Deleuze, Michel Foucault, Jacques Derrida und Michel Onfray benutzen Nietzsche seit den 1960er Jahren für ihre jeweiligen Zwecke. Allan Bloom nannte Nietzsche in seiner Anklageschrift gegen die US-amerikanische Universität, die so viel Nihilismus produziert (*The Closing of the American Mind*, 1987), sogar als einen der Hauptautoren, die diesen Nihilismus erst verursacht hätten. Wie konnten linke Denker Nietzsches aristokratischen Anspruch so stark mobilisieren, obwohl wir gerade gesehen haben, was für ein elitäres, gerade nicht egalitäres Niveau er hatte? Sie benutzten ihn vor allem, um beispielsweise die westliche Tradition, Überlieferung, Religion und ihre Lehren, die Scheinheiligkeit, Bigotterie und Heuchelei in unserer Gesellschaft anzugreifen. Vor allem jedoch, um einen bestimmten strukturellen Individualismus zu befördern, nämlich den des atomistischen Einzelnen, der von allen verpflichtenden und kollektiv-überindividuellen Fesseln befreit ist und endlich ungebremst zur vollen »Selbstverwirklichung« seines Wesens bereit sein kann.

Eine oberflächliche und vor allem absichtsvolle Lektüre mag es in der Tat ermöglichen, all diese Elemente aus Nietzsches Philosophie herauszuziehen. Das wäre jedoch unehrlich und unaufrichtig, denn wenn man Nietzsches skizzierten idealen Menschen von jeglicher Traditions- oder Kollektivbindung »befreit«, dann nur, um ihm eine neue, noch strengere, ja sogar noch *absolutere* Moral und Gemeinschaftsgebundenheit einzugeben. Nietzsches Zarathustra sieht klarsichtig:

»Ach, es gibt so viel große Gedanken, die tun nicht mehr als ein Blasebalg: sie blasen auf und machen leerer. Frei nennst du dich? Deinen herrschenden Gedanken will ich hören und nicht, daß du einem Joche entronnen bist. Bist du ein solcher, der einem Joche entrinnen *durfte*? Es gibt manchen, der seinen letzten Wert wegwarf, als er seine Dienstbarkeit wegwarf. Frei wovon? Was schiert das Zarathustra? Hell aber soll mir dein Auge künden: frei *wozu*? Kannst du dir selber dein Böses und dein Gutes geben und deinen Willen über dich aufhängen wie ein Gesetz? Kannst du dir selber Richter sein und Rächer deines Gesetzes?«

Es ist zweifellos möglich, sich dank Nietzsche zu »befreien«, zu »emanzipieren« – wie man heute wohl sagen würde –, denn er ist tatsächlich Dynamit gegen obskure Vorurteile, falsche Religion, moralinsaure Moral und die verschiedenen Idole der westlichen Tradition, insbesondere in der Philosophie, wie wir bereits gesehen haben. Aber erstens gibt Nietzsche nicht *jedem* das Recht, sich zu emanzipieren. Er stellt vielmehr an vielen Stellen klar, dass dies ein besonderes Privileg der höheren Geister bleiben muss und dass es niemals eine »Demokratisierung der Emanzipation« geben darf und kann, wie es die politische Linke will. Er geht sogar so weit, mit Zarathustra zu sagen, es sei für das Wohl der Menschheit sicherlich besser, wenn die meisten Menschen unterworfen und selbst unterwürfig blieben. Nichts ist schlimmer als ein »Tschandala«, das heißt ein minderwertiger Mensch, ein Sklave, der indes die Moral, die Religion und die Gesellschaft umstürzen könnte. Die Freiheit, die er auf diese Weise gewonnen hätte, würde von ihm für verächtliche und bloß mittelmäßige, ja primitive Ziele eingesetzt werden.

Und hier liegt der zweite Punkt von Zarathustra: Nietzsche fragt denjenigen, der sich befreien will: »Frei *wozu*?« Wir hören jeden Tag von Emanzipation und Befreiung, als seien dies Werte an sich, aber Nietzsche zeigt seine ganze Verachtung für diese Loslösung und Bindungslosigkeit um ihrer selbst willen. Ihn interessiere nicht die Freiheit *wovon*, sagt er uns, sondern die Freiheit *wozu*. Die einzige Frage, die zähle, lautet: Was schickst du dich an, mit deiner Freiheit zu tun?

Nietzsches Ideal ist enorm weit entfernt von den verschiedenen Vorstellungen, die die Ideengeschichte und Desiderate der Linken geprägt haben. Er widersagt den Wünschen des Genusses, des Hedonismus, der Gleichheit, der Befreiung, des Materialismus, des Strebens nach Glück, der Selbstverwirklichung und sogar des Altruismus. Folglich missbrauchen diese linken »Nietzscheaner« ständig nur die Hälfte seines Denkens. Sie benutzen zum Beispiel seine Kritik am Christentum, um sodann etwas vorzuschlagen, das in Nietzsches Augen noch schlimmer ist als der christliche Glaube, nämlich eine allzumenschliche Moral, die das verführende Gift des Christentums beibehält und gleichzeitig das Beste und Edelste daran beseitigt. Ein linker Nietzsche-Anhänger verwendet Nietzsches Kritik, aber niemals sein zugrundeliegendes aristokratisches Ideal – dieses ist dem Linken charaktergemäß zuwider. Doch nur aufgrund dieser Grundidee kann Nietzsche seine Kritik an bestehenden Vorstellungswelten, einschließlich des Christentums, überhaupt überzeugend rechtfertigen; zumindest überzeugend in seinen Augen.

Da Nietzsche ein absoluteres, anspruchsvolleres, männlicheres – kurz gesagt: aristokratisches – Ziel verfolgt, greift er die Moral und die Religion an. Sozialisten, Kommunisten und Linksliberale hingegen greifen (traditionelle) Moral und (einheimische) Religion gerade deshalb an, weil sie zu exkludierend, zu absolut, zu anspruchsvoll, zu männlich – und damit zu aristokratisch sind! Die Intentionen sind folglich vollkommen entgegengesetzt. Weiter noch und in jeder Hinsicht (Nietzsche betont dies in seinen Werken und Briefen), ist ein Christ, der in einer klassischen Lebensweise und Zivilisation sein Dasein wertschätzt, stets besser als ein Sozialist (ein Linker), der das Christentum, die hergebrachte Lebensweise und Kultur angreift, und zwar nicht um etwas Größeres zu schaffen, sondern um den mediokren Instinkten von Sklaven, die sich »befreien« wollen, ungehemmt freien Lauf zu lassen. Das ist die unausweichliche Voraussetzung für einen Nihilismus, der die europäische Zivilisation verschlingen wird.

In Wahrheit verwechseln linke »Denker« Nietzsche in der Sache oft mit einem anderen deutschen Philosophen, nämlich Max Stirner, dem Vordenker eines radikalen Individualismus und der totalen Emanzipation. Letzterem fehlen aber gerade die hochgesinnten aristokratischen Ansprüche und der Idealismus – demnach gerade dasjenige, was für Nietzsche die selbstbezogene Unabhängigkeit (möglicherweise) rechtfertigen kann.

XXV. Der Weg des Übermenschen

Um in diese neue Aristokratie einzutreten, die dazu bestimmt ist, die europäische Zivilisation vor ihrem Niedergang zu retten, müssen wir dem Weg des Übermenschen folgen. Nietzsches Zarathustra ruft uns auf:

»Seht, ich lehre euch den Übermenschen! Der Übermensch ist der Sinn der Erde. Euer Wille sage: der Übermensch sei der Sinn der Erde! Ich beschwöre euch, meine Brüder, bleibt der Erde treu und glaubt Denen nicht, welche euch von überirdischen Hoffnungen reden! [...] Ich lehre euch den Übermenschen. Der Mensch ist Etwas, das überwunden werden soll. Was habt ihr gethan, ihn zu überwinden? Alle Wesen bisher schufen Etwas über sich hinaus: und ihr wollt die Ebbe dieser grossen Fluth sein und lieber noch zum Thiere zurückgehn, als den Menschen überwinden?«

Bei seinen Ausführungen zum Übermenschen lässt Nietzsche seinen Zarathustra auf die Dichotomie von gut und böse zurückkommen: »[...] als ich lehrte: was gut und böse ist, das weiss noch Niemand: – es sei denn der Schaffende! Das aber ist Der, welcher des Menschen Ziel schafft und der Erde ihren Sinn giebt und ihre Zukunft: Dieser erst schafft es, dass Etwas gut und böse ist.«

Zarathustra, der Prophet des Übermenschen, liefert uns drei bedeutsame Predigten, mit deren Unterstützung wir dem Nihilismus entkommen können:

‡ den Sinn der Erde

‡ das Heldenhafte des selbstbewusst Schaffenden

‡ die Ewige Wiederkehr (Wiederkunft) als höchster Grundsatz

Zunächst zum Sinn der Erde. Nietzsche schreibt im *Zarathustra*, dass der Übermensch der Sinn der Erde *sei* und *sein müsse*. Es scheint bei ihm so, als ob die Erde einen Sinn besäße, dessen Träger der Mensch und *a fortiori* der Übermensch sein müssten. Ganz wie die Weisheit – die letzte Weisheit –, die in Fülle bereits in der Natur enthalten sei, beinahe wie ein *geologischer* Aspekt in allen Dingen in unverzerrter Primitivität, und die sich jedem Lebewesen offenbare, das bereit ist, den Dingen buchstäblich *ins Auge zu sehen*. Mehr noch als diese Weisheit ist die Erde das Ideal, und zwar das einzig *wahre* Ideal, dem es nachzustreben gelte. Der Sinn der Erde besteht zunächst in der kategorischen Ablehnung des Moralin. Damit ist – wie gesagt – nicht die Moral im Sinne des alltäglichen Umgangs gemeint, also die Verwerfung derjenigen ethischen Regeln, die das Leben in einer menschlichen Gemeinschaft erst ermöglichen. Gefordert ist die Abkehr von den großen Abstraktionen und Idealen, die fundamental *wider*natürlich und bloßer Ausdruck des Ressentiments in der Sklavenmoral sind. Deren finales Ziel besteht in der seelischen Korruption der starken, aristokratischen Naturen, die schließlich daran zugrunde gehen, eben weil sie nivelliert werden und dem Durchschnittlichen, Unterwürfigen und Folgsamen zum Durchbruch verhelfen.

Die Erde ist ein Ideal an und für sich. Es bringt nichts, ein vollkommenes Paradies in unerreichbaren Welten oder nach dem Tod zu suchen, weil das Leben, in dem bereits Unendlichkeiten enthalten sind, bereits ideal ist. Selbst wenn der Mensch an weitere Leben im Jenseits oder an Anders- und Hinterwelten glauben möchte, wäre das niemals ein hinreichender Grund, sich von der erlebten, uns gegebenen Welt abzuwenden. Die Wirklichkeit ist die Wahrheit – und diese nimmt Nietzsche in Schutz sowohl gegenüber Idealisten, die stets noch verheißungsvollere Morgen versprechen, an denen die Gesellschaft dank der Versprechung des »Fortschritts« noch besser aufwachen werde, als auch gegenüber religiösen Fundamentalisten wie beispielsweise den Dschihadisten mit ihrem morbiden Paradies, in dem der tapfere Gotteskrieger angeblich von vierzig lasziven Jungfrauen unter der Bedingung empfangen wird, dass er mindestens vierzig reelle Frauen im vorherigen Leben zum Weinen gebracht hat.

Nietzsche enthüllt uns die Verwandtschaft in der Wesensart all dieser giftigen Taranteln, mögen sie oberflächlich betrachtet auch noch so unterschiedlich erscheinen. Der Jünger des Progressivismus, der keck die Dekonstruktion (nur ein anderes Wort für Destruktion) der gesamten europäischen Zivilisation im Namen einer besseren »Weltgesellschaft« fordert, ähnelt in seiner psychologischen Struktur frappierend dem fanatischen Imam, der von seinen Schäfchen die fromme Selbstsprengung und möglichst brutale Zerstörung der »falschen Welt« fordert, um in das Himmelreich zu gelangen. Beiden Beispielen ist ein tiefsitzender Nihilismus gemeinsam. Die ideologischen Vorzeichen mögen andersartig sein (oder scheinen), aber der Grund ihrer Idiosynkrasie ist derselbe: Sie wollen nichts als Zerstörung und was sie im Innern antreibt, ist ihre perverse Lust nach Vergeltung. Der Sinn der Erde besteht demgegenüber darin, diesen idealistischen Nonsens komplett zurückzuweisen.

Vor allem bedeutet der Sinn der Erde die Rückkehr des Körpers und alles Körperlichen. Allzu lange Zeit hatte man den Körper vernachlässigt und ihm misstraut, vor allem befeuert durch die Philosophie Platons und den Christianismus. Man verachtete den Leib, um ausschließlich das Geistige, das heißt den *reinen* Geist, die Vernunft und rationalistische Spitzfindigkeiten zu loben. Der Körper, da er der Träger des irdischen (und damit »falschen«) Lebens ist, wurde als eine Art Lügner betrachtet, der grundsätzlich ohne wahrhaftige Noblesse und moralisch einfach zu verderben sei. Obwohl wir Heutigen in gewissem Umfang den Wert und das Edle am menschlichen Körper wiederentdecken, hinterließ die ideengeschichtliche »Körperignoranz« eine prägende Wirkung auf uns.

Wir können das etwa studieren an der Vorstellung, die man sich gemeinhin vom Typus des Intellektuellen macht, das heißt, von der Intelligenz als Phänotyp: Diese erhöhen maßgeblich ihre intellektuelle Glaubwürdigkeit, indem sie den Eindruck erzeugen, sich um ihre körperliche Erscheinung nicht zu scheren; dass es ihnen also gleich ist, wie sie herumlaufen. Je nachlässiger und ungepflegter, desto »vergeistigter« und letztlich weltabgewandter erscheinen sie – intellektuell eben. Der Ausdruck alles Körperlichen, auch der rohen Kraft und Gewalt, oder das Streben nach Schönheit und Attraktivität, werden von der Intelligenzija der kultivierten Philister verächtlich und lächerlich gemacht. Ist jedoch ein sauber ausgeführter *Uppercut* an das Kinn des Gegners zwingend weniger »klug« als das verbale Gegenargument? Wer befindet über den Grad der Intelligenz eines bestimmten Verhaltens? Steht der Wunsch nach Verschönerung und Verbesserung des Körpers, der für die alten Griechen selbstverständlich noch ein allgemein anerkanntes *philosophisches* Argument war, wirklich nur für eine oberflächliche Eitelkeit und ist dem Denken und der Vernunft »unwürdig«?

»Eine Seele, in welcher die Weltweisheit wohnt, muß durch ihre Gesundheit auch den Körper gesund machen«, sagt Nietzsche und bezieht sich dabei auf Michel de Montaigne. Oder noch eindrücklicher: »Es ist mehr Vernunft in deinem Leibe als in deiner Vernunft.« Die sogenannten Intellektuellen, die man oftmals nicht ohne Grund als Eierköpfe karikiert, sehen alles Physische als etwas Vergängliches an und verschließen sich immer mehr in ihrer Geistigkeit, bis sie irgendwann verrückt werden und nur noch abgehobene und nichtssagende Theorien und abstrakte Konstruktionen rezitieren. Diese Vergeistigten wertschätzen nicht länger den robusten Bauern, der – mit den Worten Zarathustras – »grob, listig, hartnäckig, langhaltig [ist]: das ist heute die vornehmste Art. Der *Bauer* ist heute der Beste; und Bauern-Art sollte Herr sein!« An anderer Stelle schreibt Nietzsche, diesmal ohne seinen fiktiven Alter Ego zu bemühen: »Der Bauer als die gemeinste Art von noblesse: weil er am meisten von sich abhängig ist. Bauernblut ist noch das beste Blut in Deutschland [...].« Es geht hierbei nicht um plumpe Anbiederung an das Einfache oder eine anti-intellektuelle Demagogie, sondern um die oft beobachtete Gewissheit, wonach der erdwüchsige, naturverbundene Mensch mit all seinen harten Umständen stets näher an der Wirklichkeit ist als irgendein x-beliebiger plaudernder Kümmerling im Café de Flore.[31]

Die Entwicklungen in der Biologie bestätigen heute indes das unlösbare Band zwischen Leib und Geist, so wie es bereits Nietzsche erahnt. Mehr und mehr kommen wir auf den Trichter, dass unsere Gedanken überhaupt erst entstehen können bzw. gewichtig beeinflusst sind durch materielle, vor allem biochemische Faktoren und Intermediäre, wie etwa unsere Hormone, Ernährung, Atmosphäre

31 Das Café de Flore ist ein berühmt-berüchtigter Pariser Intellektuellentreff und liegt im Quartier Saint-Germain-des-Prés.

und einiges mehr. Man begreift zunehmend, wie sehr der Mensch als »Denkmaschine«, mitsamt Gewissen und Geist, abhängig ist von irdischen Umständen. Schon glaubt die Neurowissenschaft, bald artifizielle menschliche Gehirne erschaffen zu können, etwa befördert durch Erkenntnisse aus der Erforschung der Künstlichen Intelligenz (KI), die in der Lage sein werden, selbstreferenziell nachzudenken und sogar eines Tages ein Gewissen entwickeln könnten.

Unser Körper ist demnach – überspitzt gesagt – eine außerordentlich komplexe Maschine, in der der sogenannte Geist bloß ein konstitutives Element von vielen ist. Wer diese Körpermaschine verachtet, der schädigt nicht zuletzt seinen Geist , weil er in letzter Konsequenz buchstäblich den Kopf verliert. Jeder Gedanke, jedes Nachdenken muss irgendwo stattfinden. Wir wissen bereits, wie sehr Nietzsche uns rät, unseren Gedanken während des Spazierengehens nachzu*gehen* oder zumindest irgendeine andere physische Aktivität dabei auszuüben, etwa auch Gartenarbeit. Er nehme nur solche Gedanken als bedeutsam an, bei deren Aufkommen die Muskeln auf irgendeine Art involviert waren, sagt er. Wir sollten den Ideen misstrauen, die uns im Zustand körperlicher Krankheit oder Müdigkeit kommen, da diese Gedanken wahrscheinlich selbst das Mal ebendieser Krankheit oder Erschöpfung tragen, wenn auch nicht auf den ersten Blick erkennbar. Ein Leib, der keinen Atem mehr hat, erzeugt notwendig atemloses und gelähmtes Denken, wie etwa die Irrglauben des Nihilismus.

Aus diesem Grund müssen wir in jedem Fall zum Körper und Körperlichen zurückkehren. *Let's get physical!* Der Leib will kultiviert, behütet, verschönert und gekräftigt werden. Gleichzeitig muss der Mensch noch aufmerksamer darauf Acht geben, seine natürliche

Umwelt nicht zu vergiften. Der gesunde Körper wendet sich daher gegen jede Form von Umweltverschmutzung, industriellen Fraß und die zahlreichen endokrinen Disruptoren (Umwelthormone und hormonaktive Substanzen, etwa die sogenannte Antibabypille), die ihn bedrohen.

So viel zu der Bedeutung des Sinns der Erde, der der Bedrohung durch den Nihilismus vorbeugt.

Die zweite große Verkündung Zarathustras betrifft das Heldentum bzw. Heldenhafte des Schaffenden, das es zu leben, entwickeln und fördern gilt.

Der Realität ins Auge zu blicken und zum Körper zurückzukehren sind grundlegend. Aber um was genau zu tun? Wir menschlichen Wesen müssen uns ein Ziel schaffen, um uns zu bewegen, und dieses sollte anspruchsvoll sein. Wofür leben wir? Nur um uns und unsere Art zu erhalten, rein passiv also? Oder leben wir, um möglichst viele freudige Momente zu sammeln, also möglichst viel Spaß zu haben? Oder für das »Glück«? Darin sehen die meisten von uns Heutigen wohl ihren Lebenssinn, nicht zuletzt, seitdem wir alle Gott getötet haben.

Ohne ihn, ohne den Glauben und ohne jegliches transzendentes Ziel, bleiben die Postmodernen auf eine winzig kleine Immanenz beschränkt. Das Wenige, was sie in einem Leben glauben tun zu können, das sinnlos, ohne Zweck und ohne Göttlichkeit bleibt, ist zu konsumieren, profitieren oder ihr Dasein möglichst lange in die Zukunft zu konservieren. *Carpe diem* sagen sie oder sie tätowieren es sich unter die Haut, um es bloß nicht zu vergessen, und sie wollen damit nichts anderes sagen als: »Lasst uns vom Leben profitieren!« Dafür rennen sie in schöner Regelmäßigkeit zum Onkel Doktor.

Spaß – oder besser gesagt: *Fun* – und die Humanmedizin sind die beiden Götter unserer Epoche. Bloß möglichst oft Spaß haben, das »Beste« aus allem herausholen, »sich fallenlassen« und »chillen«, »sich nicht den Kopf zerbrechen«, »das Leben nicht so schwernehmen« – gleichzeitig achtet man sorgsam darauf, seine Medikamente zu schlucken und flott zum Antidepressivum zu greifen, wenn »das Leben mal nicht so gut läuft«. Hauptsache, man bewahrt sich seine kleine, feine Gesundheit möglichst lange, damit auch künftig der Spaß »kein Ende hat«. So in etwa lautet das postmoderne Ideal des Menschen ohne Gott und das letzte Ideal des letzten Menschen, der lebensüberdrüssig und todmüde ist.

Das augenscheinlichste Symptom dieser antivitalen Erschlaffung ist das »Streben nach Glück«. Die französische Dichterin Louise Ackermann schreibt: »Die Natur lächelt, aber sie ist unsensibel: Was macht ihr euer Glück?« Sie beschreibt damit die Nutz- und Sinnlosigkeit der Suche des Menschen nach Glück aus der Sicht der ihn umfassenden Natur. Das Glück zu suchen, bedeutet begrifflich immer, dass man es noch nicht (gefunden) hat und es somit ein Ideal bleibt – damit rückt das Streben nach Glück gefährlich nahe an nihilistische Konzeptionen heran, die eine Glückseligkeit durch Mittel und auf Wegen versprechen, die sich schließlich gegen die Natur selbst wenden. (In diesem Kontext würde es sich übrigens empfehlen, eine ideengeschichtlich-vergleichende Studie zwischen dem Aufkommen der philosophischen Diskurse rund um das Streben nach Glück und dem Konsum von Drogen und angstlösenden Medikamenten in der westlichen Welt auf den Weg zu bringen.) Nietzsche schreibt bedeutungsvolle Worte in einem Brief an einen Freund, der kurz davorsteht, sich zu verheiraten: »Ich wünsche

Euch kein Glück, ich wünsche Euch, dass Ihr es behaltet.« Das Glück muss nicht gesucht werden, denn es ist kein verheißungsvolles Ideal einer Zukunft, sondern es ist im Leben und in jedem Augenblick stets präsent und spricht durch unseren Körper und unsere Natur. Man muss das Glück nicht suchen, man muss es empfinden und ebendieses Gespür für sich selbst bewahren, genau wie für das Leben.

Lässt man ferner die abstrakte Idee des Glücks und eines flatterhaften »Wohlbefindens« fallen, erkennt man sofort, dass sich dahinter der Nihilismus verbirgt. Wohlbefinden und Wohlfühlen (*Wellness, well being*) meint in unseren postmodernen Zeiten nichts anderes als das Auflösen von Spannungen und Verwicklungen, das Glätten von Unebenheiten und Rauheit, das Verschwinden von Gewalt, Konflikten, Gefahren, Ängsten, Schweiß, Tränen und Schmerz. Zusammengefasst: Alles, was der letzte Mensch als Wohlbefinden bezeichnet, ist oft genug das Gegenteil von Leben.

Das Leben bedeutet immer auch Konflikt. »Krieg ist Vater von allen, König von allen«, das wusste bereits der vorsokratische Philosoph Heraklit. Unter Glück und Wohlsein ein weiches Bett und nichts weiter als gelassene Heiterkeit und friedliche Ruhe zu verstehen, das ist, als ob man sich am liebsten in ein behütetes Krankenhausbett legen möchte oder in einen plüschigen, angewärmten Sarg. Dieses »gute Leben« riecht, ganz nach dem Geschmack des Nihilismus, nach Dämmerschlaf oder Tod. *Das Leben als Krieg annehmen, heißt, den Frieden mit dem Leben zu machen.*

Nietzsche lehrt uns die Wahrheit, dass solange der Körper und das in ihm strömende Leben gesund, jung und stark sind, der Mensch etwas anderes anstrebt als Glück und den kleingeistigen

Selbsterhalt lebender Toter. Das Leben und der Körper wollen sich vor allem behaupten, beweisen und bekräftigen.

Im Inneren derer, die die Sprache einer selbstgenügsamen, achtsamen Konservation sprechen, regieren das Gewöhnliche, das Mittelmaß, die Schwäche und – paradoxerweise – die längst überdrüssige Ermüdung. Das sind die Herdenviecher, die um des behüteten Weidelebens und Abgrasens willen sich irgendwie am Leben erhalten, dabei jedoch dessen abenteuerlichen Charakter zurückweisen, mit all seinen immanenten starken Instinkten, ungehemmten Leidenschaften, heldenhaften Verrücktheiten und seinem Willen zur Größe. Solange der Körper jung und kräftig ist, hat eine andere Sprache aus ihm zu ertönen: Der Mensch will sich erhöhen, wachsen, erobern und schaffen – und um dieses zu erreichen, geht er Risiken ein, er kämpft und besiegt.

Nietzsche erklärt uns trefflich die psychologischen Mechanismen, die starke Naturen konsequenterweise und einem natürlichen Instinkt folgend dazu verleiten, sich Feinde zu machen. Diese junge Macht will sich auf die eine oder andere Weise zeigen und entfalten. Sie will *hervorsprudeln* und sich ihren Weg bahnen. Stärke will sich stets beweisen und austesten. Nun besteht die herausforderndste Möglichkeit dieses Selbstbeweises im Kampf, im Angesicht widriger Umstände und darin, sein Leben, seine Ehre, sein Wohlbefinden und sein Glück aufs Spiel zu setzen. Nietzsche stellt in seinen nachgelassenen Fragmenten klar: »Worum kämpfen die Bäume eines Urwaldes miteinander? Um ›Glück‹? – Um Macht!«

Bei den klassischen Griechen war es Perikles, der bei jeder Gelegenheit die *râafinia* der Athener betonte, also ihre lässige Gleichgültigkeit gegenüber einer totalen Sicherheit, Mäßigung und Vorsicht.

Wohl gerade deshalb trugen die alten Athener das Leben und die Schönheit in eine bis dahin unerreichte Höhe. Diese historische Meisterleistung zählt am meisten, weil aus diesem Werk das Leben in seiner ganzen Intensität, Exzellenz und Macht ausbricht. Aus diesem Grund ist nichts höher anzusiedeln als die Mächtigkeit des Schöpferischen. Ein Künstler etwa, der angeblich sein Werk über sein Leben stellt, *erhebt in Wirklichkeit das Leben selbst über alles*. Das Werk des Lebens ist der Gipfel der Existenz und das Einzige, was der Welt ihren Wert verleiht. Durchdrungen von dieser Idee zu leben, um zu erschaffen, zu verschönern, weiterzuentwickeln, um seine Fähigkeiten im Sinne dieser Lebensverwirklichung so weit wie möglich zu entfalten und damit den Willen zur Macht, der potenziell in jedem brodelt, auszuschöpfen, ist das Ideal des Übermenschen à la Nietzsche.

Ein möglicher Pfad des Kampfes gegen den Nihilismus in jedem von uns ist demnach, stets danach zu streben, die Gesamtheit seines individuellen Potenzials zu verwirklichen und seine ganze verfügbare Kraft ausströmen zu lassen mit festem Blick auf das reichste und grandioseste Leben, das man nur irgend erreichen kann. Jeder sollte versuchen, selbst ein Schöpfer zu werden – oder wenn das partout nicht gelingt, zumindest in den Dienst eines wahrhaft Schaffenden zu treten und diesen bei seinem Werk zu unterstützen, so wie Nietzsche es als jüngerer Mann bei seinem »Meister« Wagner tut. Um zum Schöpfer zu werden, muss jeder die kreative Macht sowie auch das inspirierende Chaos in sich kultivieren. Auf keinen Fall darf sich der Mensch bei dieser Aufgabe mit dem Moralin vergiften oder von abstrakten Vorstellungen von Glück und Eudämonismus lähmen lassen. Es braucht den Willen zur Selbstherausforderung und zum Sich-beweisen-Wollen mehr als das Streben nach bloßem Selbsterhalt im Status quo.

Die Suche nach dem kleinen, ja kümmerlichen materiellen Glück muss aufgegeben werden, um die Spur des Schicksals aufnehmen zu können. Der Mensch, der dem Nihilismus entkommt, fragt sich stets nach seinem wahren Schicksal und danach, was sein Werk und sein Beitrag auf Erden, das heißt, für diese Welt ist. Dieser Mensch zielt nach Höherem, weil er ausgestattet ist mit den aristokratischen Werten, die das hier dargestellte Ideal am besten fördern.

Die dritte und letzte Verkündung Nietzsches, vor dem Hintergrund der Ankündigung einer höheren Menschheit, die über den Nihilismus gesiegt haben wird, ist das Konzept und die Anpreisung der *amor fati*, die wiederum mit dem Gedanken der Ewigen Wiederkehr zusammenhängt.

Um dem Nihilismus vollständig zu entkommen, bedarf es des Gefühls der eigenen Ewigkeit und Glückseligkeit (nicht zu verwechseln mit abstrakten Konzeptionen vom Glück!). Dieses Gefühl stellt sich ein, wenn man sein Potenzial und seine Macht realisieren kann und dabei die natürlichen Gesetze der Existenz respektiert. Um es näher zu beschreiben: Es geht darum, sich als (kleiner) Teil der Totalität, des Ganzen, des Unendlichen, der Natur oder auch eines Gottes zu fühlen. Der Mensch muss dahin kommen, zu spüren, dass sich in ihm und durch ihn der Befehl des Lebens ausdrückt, das sich ausdehnen, vollbringen und selbst übertreffen will – während es immer wieder zurück auf sich selbst kommt, in einer ewigen Bewegung.

Wir müssen uns bewusst sein, dass wir mit jeder unserer Taten, jedem Gedanken und jeder erledigten Aufgabe, teilhaben an der

Ewigkeit und die Ewigkeit sich durch uns fortschreibt. Alles ist schließlich *eins*; das ist es, was die hinduistischen Brahmanen das *Âtman* genannt haben, nämlich die »Seele« der Welt, die alles umschließt und verbindet. Dies kommt ebenso Heideggers ontologischer Vorstellung vom *Sein* nahe, das dem Seienden erst seine Form und seinen Inhalt gibt. Das ist der metaphysische Aspekt der Idee von der Ewigen Wiederkehr: Eine wahre Gelassenheit ist nur dem geschenkt, der mit Erfolg sich »vergegenwärtigt« und seine Stellung in der Existenz annimmt. Die Welt und die Existenz selbst sind perfekt und *amor fati* lässt die Menschen an dieser Perfektion partizipieren, sofern sie sich als Teil der Totalität empfinden (können).

Wichtig ist aber, dass die erschütternde Sensation der Zugehörigkeit zu einer perfekten Existenz nicht zu einem Versinken in ein bloß ekstatisches Glücksgefühl reiner Kontemplation verführt. Teil des Lebens zu sein bedeutet zwangsläufig, daran teil*nehmen*. Das existenzielle Prinzip des Lebens, das ihm erst sein Relief einmeißelt, ist der Wille zur Macht. Teilnehmen am Leben bedeutet in letzter Konsequenz, ihm gehorsam zu sein, indem man als Mensch seine gesamte vitale Kraft entfaltet. Im Einklang mit dem Existierenden zu existieren, das ist der Wille zur Macht.

Die Metaphysik der Ewigen Wiederkunft und des Willens zur Macht erlaubt es uns, als Menschen eine Aussichtshöhe zu erreichen, die beinahe ein göttliches Lachen gestattet. Der Nihilismus lenkt uns von der positiven Tat, dem Erschaffen und dem Kämpfen ab, während das heldenhafte Konzept der Existenz und der *amor fati* Turbulenzen einfordert und uns auf diese eigentümliche Weise erst die Möglichkeit eröffnet, uns diesen Härten zu stellen und schließlich über sie zu lachen. Wenn man niemals den Blick von der Wirklichkeit abwendet und niemals versucht, ihr zu entkommen, entwickelt man ein scharfes Bewusstsein dafür, dass alles so ist, wie es sein soll und ein mächtiges Gelächter erschallt aus den tragischen Tiefen unserer Seele. Es ist das Lachen des Menschen, der über alles und in allen Fällen triumphiert. Das Lachen ermöglicht es, das Leben in seiner Vollkommenheit zu leben und behütet uns vor unserer eigenen, potenziell dem Ressentiment zugeneigten Ernsthaftigkeit. Wir können leichten Schrittes tanzen.

Amor fati ist die Formel für eine dionysische Affirmation des Lebens. Liebe deine Art, versöhne dich mit dem Schicksal, liebe dein Leben! Der Mensch, der alle Kraft aufwendet und der alles gibt, was er nur einsetzen kann; der seine gesamte Macht ausschöpft, der sich seiner Teilhabe an der Ewigkeit bewusst ist, das Leben, die Wirklichkeit und die Natur liebt – ganz so, wie sie eben sind –, dieser Mensch findet einen Sinn für seine Existenz in einer heroischen Moral und in aristokratischen Werten. Dieser Erleuchtete wird immerzu tanzen, lachen und seinem Schicksal beschwingten Schrittes folgen können, weil er für den Nihilismus und dessen ressentimentgeladene Dekadenz unerreichbar bleibt. Er ist der wahre Übermensch, dessen perfektes Leben eine andauernde Hommage an die Perfektion des Lebens selbst ist.

Epilog: Wahnsinn und Größe

Am Ende des Jahres 1888 und mit den ersten Sonnenaufgängen des Januars 1889, nachdem er *Der Antichrist*, *Ecce homo* und einige poetische Kompositionen und Fragmente verfasst hatte, verfällt

Nietzsche dem Wahnsinn. Bereits seit einiger Zeit zeigt er Anzeichen einer mentalen Gebrechlichkeit, insbesondere eine Hypersensibilität, die ihn oft plötzlich in Tränen ausbrechen lässt, wenn er Musik hört. Er spürt auch instinktiv, dass er sein philosophisches Werk zu einem Ende gebracht hat und entwickelt kurzzeitig, eher zufallsbedingt, sogar den Wunsch, sich der Politik und dem Politischen zuzuwenden – ein weiteres klares Anzeichen für seinen geistigen Verfall. Er plant namentlich, eine Denkschrift an alle Königshäuser Europas zu senden, in denen er über die Zukunft des Kontinents und die nationale Frage dozieren möchte.

»Alles ist fertig«, schreibt Nietzsche an seinen Freund Carl Fuchs im Dezember 1888. In einem früheren Brief heißt es selbstbewusst: »Ich habe den Menschen das tiefste Buch gegeben, das sie besitzen, meinen *Zarathustra* [...].« Nachdem er seine großartige Kritik der westlichen Philosophie abgeschlossen hat, kommt er zu der Conclusio, dass die Philosophie insgesamt ihrem Ende zugehe. Es bleibt nichts weiter übrig, so schreibt Nietzsche an Ferdinand Avenarius im Dezember 1888, als die »ungeheure Aufgabe« der »Umwertung aller Werte« – und diese wird sich folgerichtig einstellen, wenn die Menschheit eines Tages sein Gesamtwerk vollkommen entdeckt und gewürdigt hat. Nietzsche geht davon aus, dass er »das Schicksal der Menschen zu tragen habe«.

Viele – bis in die Gegenwart hinein – greifen die spätere Geisteskrankheit Nietzsches als Argument gegen seine Philosophie auf. Manche meinen gar, die Verrücktheit, in die er mit nur 44 Jahren bis zu seinem Tod nach und nach versinkt, sei eine göttliche Strafe für den armen Sünder, der es wagte, den Herrgott für tot zu erklären. Diese Vorstellung ist nicht nur allzu simpel, sondern auch verachtenswert: Selbst ein gläubiger Christ wie der Philosoph Gustave Thibon, der ein kritisches Buch über Nietzsche geschrieben hat, verwirft diesen Ansatz als dümmlich und unaufrichtig.

Seit Jahren schon, bereits vor seinem mentalen Niedergang, leidet Nietzsche an einer schweren Krankheit, über deren Herkunft und Diagnose man bis heute spekuliert. Mediziner rätseln noch, ob es sich dabei um eine degenerative Nervenkrankheit des Gehirns handelte, die Nietzsche von seinem Vater geerbt haben könnte, oder um die späten Folgen einer Syphilis, mit der er in jüngeren Jahren womöglich in Kontakt gekommen ist. Wie der Biograph Curt Paul Janz bemerkt, ist das Wunderliche an Nietzsches Geschichte nicht, dass er schlussendlich von der heftigen Geisteskrankheit niedergestreckt wird, sondern dass er ihr derart lange Jahre in relativer Gesundheit widerstehen konnte. Wenn Gott Nietzsche wirklich hätte bestrafen wollen, hätte er dem »lästerlichen« Denker nicht die heldenhafte Kraft geschenkt, mit der er sich gegen sein Leiden stemmen und über viele Jahre hinweg eine wirkmächtige Philosophie entwickeln konnte, die bis zum gegenwärtigen Tage starke Seelen inspiriert und an sein »Gott ist tot« erinnert.

Ohne auf die umstrittenen medizinischen Gründe näher eingehen zu müssen, äußert sich Nietzsches Geisteskrankheit auch in absurden Briefen, die er – aus heiterem Himmel und ohne jemals zuvor Kontakt gehabt zu haben – an den Papst in Rom und an den Kaiser des Deutschen Reiches schreibt. Selbst im Alltag, auf den Straßen Turins, wird er verhaltensauffällig: Er fällt ständig zu Boden, bricht plötzlich in lautes Gelächter oder aber in Heulkrämpfe aus. Es ist wohl so, zugegebenermaßen etwas pathetisch gesprochen, dass Nietzsche gar nicht anders konnte, als verrückt zu werden –

ganz unabhängig von seiner neurophysiologischen Verfassung. Mit Wahnsinn geschlagen zu werden, ist für das Genie das, was dem Heiligen sein Martyrium ist. Nietzsche ist zu weit gegangen und er war dabei allein. Da war nichts und niemand, der »ihn in die Einsamkeit begleitet« hat, wie es in einem schönen Vers von Schopenhauer heißt.

Im Verständnis von der menschlichen Psyche und mit schonungsloser Hellsichtigkeit über Kategorien wie Universum und Existenz so weit gegangen zu sein, ohne den Trost und die Hilfe eines Gottes, jenseitiger Welten oder ordnungsstiftender Ideale musste zwangsläufig dazu führen, dass Nietzsche eines Tages nicht anders konnte, als geistig loszulassen. Es bedurfte einer übermenschlichen Anstrengung, sein philosophisches Denken zu entfalten und für uns Leser in einer solch schönen Sprache niederzuschreiben. Diese Mammutaufgabe hat ihn schließlich erschöpft und sein Geist hat sich verabschiedet.

In diesem schwachen Zustand der letzten Jahre war Nietzsche praktisch in seine Kindheit zurückgeworfen. Im *Zarathustra* steht geschrieben, am Anfang ist der Geist ein Kamel, also ein schlichtes Herdentier, dann muss er zum Löwen, mithin zum Krieger werden, um schließlich wieder zum Kind zurückzukehren und damit in die Unschuld. Es ist erstaunlich zu beobachten, wie Nietzsches Leben selbst Schritt für Schritt diesem spirituellen Parcours gefolgt ist und dass seine Verrücktheit am Ende des Lebens – nach Jahren der einsamen, löwenhaften Philosophie – nichts weiter war, als eine Farce: das Ende des Auftritts als Possenreißer und Spaßmacher, der eine Unschuld wiedererlangt, die er so sehr verdient hat.

Nietzsche selbst schrieb, man solle sein Werk ein Jahrhundert nach seinem Tod lesen. *Et voilà*, da stehen wir. Der Nihilismus herrscht heute machtvoller denn je und die postmodernen Verwerfungen, die uns in immer schnellerem Takt herausfordern, sind der dystopische Höhepunkt. Die europäische Zivilisation, oder was von ihr übriggeblieben ist, erlebt ihre letzten Jahre. Nietzsche soll mit seinen Vorhersagen Recht behalten. Deshalb ist er heute so unverzichtbar, wie niemals zuvor. Der selbsternannte »Unzeitgemäße« des 19. Jahrhunderts ist im 21. Jahrhundert so zeitgemäß wie nie. Man muss ihn lesen und wieder lesen, auch wenn man nicht alle seine Ideen ungeprüft und bedingungslos übernehmen will (was er selbst als stets kritischer Geist wohl missbilligt hätte). Jedenfalls muss man sich seinen klaren, unerbittlichen Blick entleihen. Wir brauchen Nietzsche, um die letzten Menschen zu erkennen, insbesondere den schlimmsten von ihnen: den, der vielleicht tief in unserem eigenen Inneren lauert. Erlauben wir auch ihm, wieder höher zu schauen und aufzusteigen. Nietzsche revoltierte vor allem gegen die Dekadenz in sich selbst. Er brachte den Mut auf, sich gegen seinen eigenen Nihilismus zu stellen. Es ist an uns, es ihm gleichzutun.

Bibliographie

Friedrich Nietzsches große Schriften und ihre Veröffentlichung:

Die Geburt der Tragödie aus dem Geiste der Musik (1872)
Unzeitgemäße Betrachtungen (1873-76)
Menschliches, Allzumenschliches (1878)
Morgenröte. Gedanken über die moralischen Vorurteile (1881)
Die fröhliche Wissenschaft (1882)
Also sprach Zarathustra (1883-85)
Jenseits von Gut und Böse (1886)
Zur Genealogie der Moral (1887)
Der Fall Wagner und Nietzsche contra Wagner (1888/89)
Götzendämmerung (1889)
Der Antichrist (1895)
Ecce homo (1908)

Julien Rochedy wurde 1988 im Département Ardèche, an der südlichen Rhone, geboren.

Als Kind besuchte er eine streng katholische, von Nonnen geleitete Grundschule. Nach seiner Hochschulreife (*Bac*) studierte er Politikwissenschaft in Lyon und schloss 2010 mit einem Master in »Internationale Beziehungen« ab.

Schon als junger Student war er als Rechter politisch aktiv. Gut zwei Jahre, von 2012 bis 2014, war Rochedy der Kopf des Front National de la Jeunesse, der Jungendorganisation der Partei Marine Le Pens. Im Präsidentschaftswahlkampf 2012 war er die rechte Hand der Parteiführerin. Dann zog er sich jedoch ganz aus dem parteipolitischen Betrieb Frankreichs zurück und kritisiert heute Le Pens Rassemblement National dafür, geistig anspruchsvollen, traditions- und abendlandbewussten Konservativen nichts mehr anbieten zu wollen und in die politische Sackgasse eines kurzatmigen, rein nationalstaatsfixierten Rechtspopulismus geraten zu sein. Allgemein gilt er seither als Gegner einer praktischen Politik, die von Parteien und Karrieristen dominiert wird, und hat sich ganz der metapolitischen Arbeit verschrieben.

Als identitätsbewusster Europäer lebt Julien Rochedy, nach einer Station in Amsterdam, heute in Südfrankreich und Rom. Er ist unabhängiger Autor, Essayist und Unternehmer. Mit seinen Büchern, Aufsätzen, Stellungnahmen, Vorträgen und Gesprächen erreicht er in Frankreich ein breites, vor allem jüngeres Publikum. Vorrangig widmet er sich der europäischen Geschichte und Anthropologie, Theorien der Familie und dem Verhältnis zwischen Mann und Frau sowie der Philosophie. Dabei ist Rochedy als Persönlichkeit und Denker entscheidend geprägt worden durch Friedrich Nietzsche. Der persönliche Zugang des jungen französischen Autors zu Nietzsches Philosophie ist dargelegt in seinem deutschsprachigen Erstlingswerk *Nietzsche – der Zeitgemäße*.

Rochedy gilt als einer der prominentesten und spannendsten Köpfe der jungen europäischen Rechten.

Lothar Fritze

Kulturkampf

Moralischer Unversalismus statt Selbstbehauptung?

22 €

Dresden 2020, 272 Seiten, gebunden

Die politisch-mediale Elite des Landes glaubt, Deutschland befände sich auf der schiefen Bahn hin zu einer neuerlichen faschistischen Machtergreifung durch rechte Populisten. Aber sie irrt. Sie selbst ist es, die durch die Art und Weise, wie sie als kultureller Hegemon den politischen Kampf führt, dem Land massiven Schaden zufügt und nahezu unbemerkt totalitäre Zustände etabliert.

Die politische Klasse hat durch eine Reihe ihrer Entscheidungen der letzten Jahre, durch ihre Propaganda, durch die Verächtlichmachung und Ausgrenzung ihrer Gegner das Land gespalten und die politischen Lager in einen »Kulturkampf« versetzt. Dieser Kulturkampf prägt die geistige Situation der Zeit. Inhalt dieses Kampfes ist eine epochale Auseinandersetzung zweier konträrer politisch-moralischer Grundorientierungen.

Kulturkämpfe sind Weltanschauungskämpfe. Ihr jeweiliger Ausgang bestimmt langfristig die Richtung, in die sich eine Gesellschaft entwickelt. Es geht sowohl um die Sicherung der Existenzgrundlagen des Volkes als auch um die Bewahrung der eigenen Lebensform sowie der Errungenschaften der europäischen Zivilisation.

Lothar Fritze macht sich auf, diesen Kulturkampf zu analysieren und fragt, welchen Weg wir gehen wollen: moralischer Universalismus oder Selbstbehauptung?

16 €

3. Auflage

Alain de Benoist

Kulturrevolution von rechts

Dresden 2017, 200 Seiten, gebunden

»Alle großen Revolutionen der Geschichte haben nichts anderes getan, als eine Entwicklung in die Tat umzusetzen, die sich zuvor schon unterschwellig in den Geistern vollzogen hatte. Man kann keinen Lenin haben, bevor man einen Marx hatte. Dies ist die Revanche der Theoretiker – die nur scheinbar die großen Verlierer der Geschichte sind. Eines der Dramen der Rechten ist ihre Unfähigkeit, die Notwendigkeit zu begreifen, daß auf lange Frist geplant werden muß.«

Diese Feststellung Alain de Benoists von 1985 gilt noch immer. Er lernte dabei ausdrücklich von Antonio Gramsci. Der italienische Marxist hatte festgestellt, dass jede Bewegung, die auf Erlangung von Hegemonie hinarbeite, zunächst ihre Ideen im vorpolitischen, im kulturellen Raum als führend setze. Danach erst könne auch politische Hegemonie errungen werden.

Alain de Benoist setzte sich intensiv mit der Hegemonietheorie Gramscis auseinander. Die Folge war die vorliegende *Kulturrevolution von rechts*. In dieser Schlüsselschrift ist nicht nur eine erste neurechte Gramsci-Exegese enthalten, sondern im Kern all das, was die Denkbewegungen Alain de Benoists bis heute ausmacht: metapolitische Überlegungen, Lagergrenzen überwindendes Suchen nach neuen Wegen, die Nutzbarmachung ganz unterschiedlicher Denker, Politiker und Ideenhistoriker.

Es gilt, sich den vorpolitischen Raum von Linksliberalen und Neoliberalen zurückzuholen. *Kulturrevolution von rechts* ist dabei ein unverzichtbarer Wegbegleiter.

JUNGEUROPA
VERLAG

Michel Onfray

Theorie der Diktatur

Dresden 2021, 224 Seiten

22 €

Unser aller Freiheit ist bedroht. In Zeiten des digitalen Überwachungskapitalismus, der sich mit der linken politischen Korrektheit vermählt hat, wird die Dystopie *1984* von George Orwell auf erschreckende Art und Weise aktuell. Michel Onfray (Jg. 1959), Philosoph und Nonkonformist aus Frankreich, bekämpft diese Entwicklung mit offenem Visier und fragt: Wie wird in Westeuropas Gesellschaften eine neue Art der Diktatur etabliert?
Onfray identifiziert sieben Wege, auf denen dies geschieht. Sein Buch und seine Thesen sorgten in Frankreich monatelang für Debatten und Angriffe auf ihn. Die Wucht der hysterischen Reaktionen liegt vor allem darin begründet, dass der Autor, dessen Werke in bereits 25 Sprachen übersetzt wurden, seine Gesellschaftskritik so luzide wie tiefschürfend darlegt und Ross und Reiter klar benennt. Denn die Praxis einer Tyrannei im Werden vollzieht sich nicht im luftleeren Raum. Nein, es gibt Akteure, die diese sieben Wege beschreiten, es gibt Bausteine des Verfalls, und es gibt eine *Theorie der Diktatur.*
Michael Onfray enthüllt diese Theorie der Diktatur schonungslos. Diese Analyse ist der erste notwendige Schritt auf dem Weg zu einem Wandel. Noch ist die Praxis der Diktatur nicht vollends etabliert. Noch bleibt Zeit zum – Widerstand!

JUNGEUROPA VERLAG

Impressum

Bibliographische Informationen der Deutschen Nationalbibliothek,
abrufbar unter http://dnb.ddb.de

Buchgestaltung und Satz: Keilergrafik, Murrhardt
Zeichnung: Kevin Wondrak

Julien Rochedy
Nietzsche – der Zeitgemäße
176 Seiten, Dresden 2022
2. Auflage 2022

Aus dem Französischen von Philipp Bender
Mit einem Vorwort von David Engels

ISBN: 978-3-948145-16-3